Matthias Hipler
Für immer? Ja!

Matthias Hipler

Für immer?
Ja!

Der kreative Workshop
für Ihre Partnerschaft

Brendow
VERLAG + MEDIEN

Bibliografische Information der Deutschen Nationalbibliothek
Die Deutsche Nationalbibliothek verzeichnet diese Publikation in der
Deutschen Nationalbibliografie; detaillierte bibliografische Daten sind
im Internet über http://dnb.d-nb.de abrufbar.

ISBN 978-3-86506-457-8
© 2013 by Joh. Brendow & Sohn Verlag GmbH, Moers
Einbandgestaltung: Brendow Verlag, Moers
Titelfoto: shutterstock
Satz: BrendowPrintMedien, Moers
Druck und Verarbeitung: CPI – Clausen & Bosse, Leck
Printed in Germany

www.brendow-verlag.de

Inhalt

 Vorwort

- „Wie können wir besser miteinander reden lernen?"
- „Wir machen uns das Leben schwer, weil wir so unterschiedlich sind. Wie finden wir wieder enger zusammen?"
- „In unserer Beziehung läuft es im Großen und Ganzen gut, aber wir merken langsam, dass wir etwas tun müssen, damit unsere Liebe nicht langsam einschläft. Was kann uns davor bewahren?"
- „Wie bekommen wir sexuelle Probleme in den Griff?"
- „Gibt es noch eine Perspektive für unsere Beziehung und wenn ja, wie kann die aussehen?"

Diese und ähnliche Fragen begegnen mir als Paartherapeut seit zwanzig Jahren immer wieder. Jedes Paar bringt seine individuelle Geschichte mit, verfügt über besondere Stärken, und ist gleichzeitig gewillt, an den eigenen Schwächen zu arbeiten.

Eine Vielzahl von Problemen und Konflikten kann das Zusammenleben belasten oder schier unerträglich erscheinen lassen. Aus meiner Erfahrung kann ich sagen: Letztlich entscheidet nicht das Ausmaß der Beziehungsprobleme über eine positive Veränderung, sondern die echte Bereitschaft zur Veränderung. Im Vergleich zu anderen Beziehungsratgebern habe ich den Schwerpunkt auf kreative Übungen und praxiserprobte Aufgaben gelegt, die die Liebe auffrischen und akute Konflikte lösen helfen. Und da es sich nicht um eine nüchterne Abhandlung handelt, sondern um ein Praxisbuch, das persönlich ansprechen soll, verwende ich als Anrede das vertraute „Du".

Jedes Kapitel bildet eine in sich geschlossene Einheit. So könnt Ihr Euren ganz eigenen Workshop gestalten, darin herumstöbern und die für Euch besonders interessanten Themen herausgreifen.

„Für Immer? Ja!" ist kein Rezeptbuch für das Glück zu zweit nach dem Motto: Man nehme diese und jene Zutat für eine glückliche Beziehung und alles entwickelt sich wie von selbst zum Guten. Nein, Ihr haltet ein echtes Arbeitsbuch in den Händen, das Euch herausfordert, zu Experten für die eigene Partnerschaft zu werden. Kommt offen und ehrlich miteinander ins Gespräch! Idealerweise nutzt Ihr die Lektüre gemeinsam zur Beziehungsarbeit. Und wenn der Partner noch keine Lust hat, mitzumachen, wirst Du Anregungen finden, ihn für positive Veränderungen zu motivieren.

Zugegeben: Das Cover dieses Buches zeichnet eine Idealvorstellung von romantischer Liebe. Der ganz normale Beziehungsalltag ist von verliebten Luftsprüngen weit entfernt. Aber ich verbinde mit meinem Workshop für Paare die Hoffnung, dass in Deinem und Eurem Liebesleben frischer Wind einkehrt und der starke Wunsch wächst, das Beste aus Eurer Liebe zu machen.

Ihr werdet bei der Lektüre dieses Buches die unterschiedlichsten Erfahrungen sammeln. Welche Einsichten, Übungen und Anregungen haben Euch als Paar weitergebracht? Welche Fragestellungen waren hilfreich und welche haben Euch gefehlt? Ich freue mich über ein Feedback, kreative Anregungen und Verbesserungsvorschläge per Mail an hipler@aol.de.

Matthias Hipler

 # Reden ist Silber – Verstehen ist Gold

Kommunikation ist alles!

Im Wald geht das Gerücht um, der Bär habe eine Todesliste. Als Erster fasst sich der Hirsch ein Herz, geht zum Bären und fragt ihn: „Bär, stimmt es, dass du eine Todesliste hast?" „Ja, das ist richtig. Ich habe eine Todesliste!", antwortet der Bär. „Und stehe ich auch auf deiner Liste?", fragt der besorgte Hirsch. „Du stehst auch auf meiner Liste", bekommt er zur Antwort. Verängstigt rennt der Hirsch weg und wird zwei Tage später tot im Wald aufgefunden. Das Wildschwein kommt zum Bären und fragt: „Stehe ich auch auf deiner Todesliste?" „Du stehst auch darauf", bestätigt der Bär. Zwei Tage später wird der Keiler tot im Unterholz entdeckt. Der Hase fasst sich ein Herz, hoppelt zum Bären und fragt: „Stimmt das mit der Todesliste?" „Ja, das stimmt", antwortet der Bär. „Und stehe ich auch darauf?", fragt der Hase. „Ja, du stehst auch darauf!" „Könntest du mich bitte von deiner Liste streichen?", bittet der Hase. Darauf der Bär: „Na klar, kein Problem!" Kommunikation ist alles!

Es trifft auf alle menschlichen Beziehungen zu: Ohne Kommunikation läuft nichts. Das gilt besonders für Paarbeziehungen. Egal ob wir uns intensiv unterhalten oder in Schweigen hüllen, wir kommunizieren unentwegt. Verbal oder nonverbal, immer reagieren wir aufeinander und teilen uns in Worten, Mimik und Gestik dem anderen mit. Nicht kommunizieren geht gar nicht. Entscheidend ist die Frage, welche Qualität die partnerschaftliche Kommunikation hat.

Praxis-Übung: Hören und verstehen

Setzt Euch Rücken an Rücken. Einer wählt aus einer Zeitschrift ein Bild aus, das der Partner nicht kennt, und beschreibt dieses Bild in 60 Sekunden. Der Partner hört nur zu und lässt während der Bildbeschreibung ein entsprechendes Bild in seinem Kopf entstehen. Nach Ablauf der Minute zeigt der Erzähler seinem Partner das beschriebene Bild. Der Zuhörer meldet zurück, inwieweit sein inneres Bild mit dem tatsächlichen übereinstimmt. Anschließend werden die Rollen mit einem neuen Bild getauscht.

Diese Übung veranschaulicht, dass das, was wir sagen und was wir hören, nicht immer hundertprozentig übereinstimmt. Bei einer sachlichen Bildbeschreibung gelingt die Verständigung vielleicht noch einigermaßen gut. Sehr viel schwieriger fällt sie dagegen aus, wenn es beispielsweise um die Kommunikation von negativen Gefühlen oder komplexen Problemen geht.

Verliebten fällt das Reden noch leicht

In der Anfangszeit der Beziehung erleben die meisten einen sehr wortreichen Austausch über Gott und die Welt. Sie haben sich unendlich viel zu erzählen und hören einander interessiert zu. An Themen mangelt es nicht. Mit der Zeit schleicht sich eine gewisse Sprachmüdigkeit ein. Die Bereitschaft, dem anderen mit voller Aufmerksamkeit zuzuhören, nimmt langsam ab. Mann und Frau haben einander nicht mehr ganz so viel zu sagen wie in der Verliebtheitsphase. Es kann passieren, dass die partnerschaftliche Kommunikation in destruktive Muster abgleitet. Gesprächskiller wie beispielsweise Kritik, Vorwürfe, Anklagen oder der Rückzug ins Schweigen würgen gute Gespräche regelrecht ab. Ihr müsst Euch nur lange genug missverstehen, damit der gemeinsame Austausch immer öfter verstummt. Jeder fühlt sich unverstanden.

Mangelhafte Kommunikation trocknet mit der Zeit auch die größte Liebe aus. Dabei sind es oft nicht die einzelnen Probleme in

der Beziehung, mögen sie auch noch so schwer wiegen, die in die Gesprächskrise führen, sondern es ist die mangelhafte Bereitschaft, die Schwierigkeiten angemessen zu bereden. Klappt es nicht mehr, konstruktiv zu reden, werdet Ihr Euch entzweien. Nicht das, was Probleme macht, ist entscheidend, sondern die Art und Weise, wie miteinander darüber gesprochen wird. Wenn Ihr Euch am Ende eines intensiven Gespräches immer häufiger schlechter fühlt als zu Beginn, müssen alle Alarmglocken schrillen.

Allgemeine Erkenntnisse aus der Paarforschung

Das 5-zu-1-Prinzip:

Der amerikanische Paarforscher John Gottman fand heraus, dass Paare, die auf Dauer glücklich zusammenleben, fünfmal mehr positive Kommunikationsanteile gebrauchen als negative. Dieses magische Verhältnis (5 : 1) kennzeichnet die Kommunikation von stabilen Zweierbeziehungen. Die Partner schätzen einander wert, indem sie regelmäßig loben und Komplimente machen. Wenn sie miteinander reden, schauen sie sich dabei an. Sie pflegen einen sachlichen Gedankenaustausch, können aber auch über ihre Gefühle reden. Sie lächeln einander häufiger an und bemühen sich, aktiv zuzuhören. Wenn sie merken, dass ihr Gespräch zunehmend verletzende Züge annimmt, ziehen sie rechtzeitig die Notbremse: „Besser, wir hören jetzt auf, weiterzudiskutieren, sonst verletzen wir uns nur unnötig!" Sie vertagen die Fortsetzung der Unterredung. Diese konstruktiven Kommunikationsstile sind fünfmal häufiger vertreten als destruktive Redeweisen. Aber es darf durchaus auch einmal unfair zugehen. Entscheidend ist, dass vergleichsweise selten Vorwürfe ausgesprochen oder verbale Machtkämpfe ausgefochten werden.

Verändert sich das Verhältnis von positiver zu negativer Kommunikation auf 3 : 3, steigt die Trennungswahrscheinlichkeit deutlich an. Die Partner reden zwar noch miteinander, aber es

fällt ihnen zunehmend schwerer, Konflikte offen auszutragen und versöhnlich zu lösen. Lob und Komplimente werden seltener. Kritische Bemerkungen und Anklagen werden umso häufiger vorgebracht. Wenn sich das Verhältnis der Kommunikationsstile von 3 : 3 weiter auf 1 : 5 verschlechtert, sind die Partner kaum mehr in der Lage, unbefangen, freundlich und sachlich zu reden. Sie geraten andauernd verbal aneinander. Die Gespräche eskalieren sehr schnell. Jeder fühlt sich andauernd unverstanden. Negative Gedanken und Gefühle machen sich breit und bestimmen die partnerschaftliche Atmosphäre. Geht es mit der Kommunikation bergab, rutscht die gesamte Beziehung in eine tiefe Krise.

Jedes Paar kann einer Krise vorbeugen, indem es daran arbeitet, positive und aufbauende Kommunikationsstile zu praktizieren. Grundlage dazu sind die nachfolgenden Sprecher- und Zuhörerregeln.

Sprecher- und Zuhörertraining

Acht simple, aber sehr effektive Regeln schaffen die Voraussetzung für eine gute Gesprächskultur. Während der eine spricht, übt sich der andere im aktiven Zuhören. Für Dich als Sprecher kommt es darauf an, dass Du Vorwürfe und Anklagen vermeidest. Dabei helfen Dir sogenannte Ich-Botschaften.

Die vier Sprecher-Regeln

1. Sprich über dich!

Formuliere Deine Botschaft in Ich-Form, d. h., berichte Deine Sichtweisen, Deine Gedanken und auch davon, was Dir Probleme bereitet. Wenn Du beispielsweise sagst: „Du bist total egoistisch und denkst immer nur an Dich!" startest Du einen verbalen Angriff. Dein Partner wird kaum gelassen darauf antworten, sondern sich kritisiert fühlen und entsprechend negativ reagieren.

Überlege zuerst, welches Problem Du für Dich selbst siehst. Was geht Dir durch den Kopf? Welche Gefühle nimmst Du bei Dir selbst wahr? Womit kommst Du nicht so gut klar im Verhalten des Partners?

Versuche, Dein Erleben in einer Ich-Botschaft auszudrücken. Die könnte lauten: „Mir ist in letzter Zeit klar geworden, dass ich meine Wünsche und Bedürfnisse oft zurückgestellt habe. Ich möchte künftig mehr mit Dir zusammen entscheiden. Ich wünsche mir, dass Du meine Anliegen stärker berücksichtigst." Auf diese Weise beziehst Du einen Standpunkt und wünschst Dir eine Verhaltensänderung, ohne deinem Gegenüber eine „Breitseite" zu verpassen.

2. Sprich ein konkretes Thema an!

Je genauer ein Gesprächsthema eingegrenzt wird, umso effektiver die Kommunikation. Dabei fällt es gar nicht so leicht, bei einem Thema zu bleiben. Die Versuchung ist groß, im Laufe einer Unterhaltung von „Hölzchen auf Stöckchen" zu kommen. Du kannst zum Beispiel mit einer konkreten Frage Deine Sichtweise eröffnen: „Ich habe darüber nachgedacht, wie wir das verlängerte Wochenende im nächsten Monat nutzen können. Ich würde gerne mit Dir zusammen eine Radtour planen. Wir sind schon länger nicht mehr gemeinsam Rad gefahren. Ich dachte da an eine schöne Strecke den Rhein entlang. Wie denkst Du darüber?"

Bitte vermeide Verallgemeinerungen wie „immer" oder „nie". Besonders wenn es um konflikthafte Themen geht, führen Pauschalisierungen nicht wirklich weiter. Die Aussage „Wir unternehmen nie etwas gemeinsam" klingt anklagend. Sie entspricht auch nicht der Wahrheit, denn natürlich gab es gemeinsame Aktivitäten, auch wenn sie in letzter Zeit zu kurz gekommen sind.

3. Sprich im Hier und Jetzt!

Gerade dann, wenn es um strittige Themen oder verletzte Gefühle geht, kann das Gespräch schnell ausfransen, indem Verletzungen

aus der Vergangenheit hervorgeholt werden. Was Dein Partner vor fünf Monaten oder sechs Jahren verbockt hat, mag vielleicht stimmen, aber es hilft momentan im Austausch über ein konkretes Thema nicht weiter. Bleibe bei dem, was im Moment für Dich aktuell ist, und verzichte darauf, alte Kamellen hervorzukramen. Ein Thema könnt ihr noch ganz gut im Gespräch bewältigen. Noch zusätzlich zurückliegende Themen anzusprechen wird Euch überfordern. Besser ist es, ein altes Thema zu einem anderen Zeitpunkt gesondert anzugehen.

4. Sprich offen!

Es fällt nicht immer leicht, offen und ehrlich über sich selbst zu reden. Aber nur dann, wenn Du Dich für den anderen gedanklich und emotional durchschaubar machst, weiß er, woran er mit Dir ist. Lass Dein Gegenüber wissen, wie es Dir wirklich geht. Wenn es Dir schwerfällt, über einen bestimmten Punkt zu sprechen, hilft es, Deine Unsicherheit oder Angst in Worte zu fassen: „Es fällt mir nicht ganz leicht, Dir zu sagen, wie ich mich im Moment fühle, und ich bin unsicher, ob ich es Dir richtig erklären kann. Aber ich glaube, es ist wichtig, dass Du mich besser verstehst."

Die Sprecher-Regeln helfen, ein Gespräch konzentrierter zu führen und nicht vorschnell abzuschweifen. Gutes Zuhören ist eine Kunst, in der Mann und Frau sich immer wieder neu üben müssen. Wer aktiv zuhören will, sollte vier einfache Grundregeln beachten.

Die vier Zuhörer-Regeln

1. Sei ganz Ohr!

Signalisiere Deinem Partner verbal und nonverbal, dass Du ganz auf Empfang eingestellt bist. Schau ihm in die Augen und zeige Dein Interesse. Lächle oder nicke zustimmend mit dem Kopf. Du musst Dir bewusst sein, dass Deine Denk- und Zuhörgeschwindigkeit schneller ist als die Sprachgeschwindigkeit des Sprechers.

Der Mensch kann dreimal mehr Worte aufnehmen als sprechen. Deshalb ist die Versuchung so groß, dass Du als Zuhörer gedanklich spazieren gehst. Du schweifst innerlich ab und hörst nicht mehr wirklich zu. Möglicherweise hast Du eine Bemerkung gehört, auf die Du am liebsten sofort antworten willst. Jetzt wartest Du nur darauf, dass Du endlich Deine Sichtweise schildern und den Sprecher korrigieren kannst. Und wieder hörst Du nicht mehr aufmerksam zu. Nur wer diese beiden Versuchungen überwindet, ist in der Lage, den Sprecher wirklich zu verstehen und seine Ausführungen stehen zu lassen.

2. Gib mit Deinen Worten wieder, was bei Dir angekommen ist!

Um Dich zu vergewissern, dass Du alles richtig verstanden hast, gib das Gehörte noch einmal mit Deinen Worten wieder: „Habe ich Dich richtig verstanden ...?" oder „Bei mir ist angekommen, dass du ...!" Versuche, auf Interpretationen zu verzichten. Frage nach, wenn etwas für Dich unklar geblieben ist. So erfährst Du, ob Du den anderen verstanden oder missverstanden hast. Der positive Nebeneffekt dieser Regel besteht darin, dass sich der Sprecher ernst genommen fühlt und er sich durch Deine Wiederholung klarer darüber wird, ob er genau das sagen wollte, was bei Dir als Zuhörer angekommen ist.

3. Stelle offene Fragen!

„Wie genau war das für dich? Wie kommst du auf diesen Gedanken? Was bewegt dich besonders?" Durch solche offenen Fragen motivierst Du den anderen Sprecher, seine Sichtweisen noch konkreter und ausführlicher zu schildern.

4. Sag, wie es Dir mit dem eben Gehörten geht!

Vielleicht bist Du überrascht. Möglicherweise bist Du nachdenklich geworden oder Du merkst, wie Ärger in Dir hochkommt. Versuche, dem Sprecher eine taktvolle Rückmeldung zu geben. Einer

der größten Fehler in der partnerschaftlichen Kommunikation ist die Bemerkung des Zuhörers: „Das stimmt nicht! Das ist falsch!" Diese Aussage unterstellt dem anderen, nicht ehrlich geredet zu haben, und er wird darauf entsprechend negativ reagieren. Zuhören bedeutet: „Ich will dich verstehen und deine Sicht der Dinge, deine Gedanken und Gefühle stehen lassen, auch wenn ich es völlig anders sehe."

Praxis-Übung: Wechsel der Sprecherrollen

Die acht Gesprächsregeln sind Euch sicherlich nicht neu. Das Geheimnis liegt in ihrer Umsetzung. Übt sie in der Praxis miteinander ein und schaut, was passiert. Eure Gespräche bekommen einen etwas anderen Charakter. Ihr werdet konzentrierter und effektiver miteinander kommunizieren. Je schwieriger allerdings die Thematik, umso schwerer fällt die Einhaltung der Regeln.

Wie könnt Ihr die Regeln konkret ausprobieren?

Verabredet Euch zu einem kleinen Paaraustausch in entspannter, ungestörter Atmosphäre. Legt jetzt die Sprecher- und Zuhörerrolle fest. Der Sprecher wählt ein Thema aus und schildert seine Gedanken und Gefühle, während der Zuhörer sehr aufmerksam bemüht ist, zu verstehen. Das Gespräch ist dann erfolgreich verlaufen, wenn der Zuhörer verstanden hat, was den Sprecher genau bewegt. Anschließend wechselt Ihr die Rollen. Der Zuhörer wählt entweder das gleiche oder ein anderes Thema aus, worüber er gerne reden will. Hier eine kleine Auswahl an konfliktfreien Themen:

- *„Was ich an unserer Kommunikation schätze."*
- *„Was mir besonders gut gefällt in unserer Partnerschaft."*
- *„Mich beschäftigt im Augenblick folgendes Thema: ..."*
- *„So stelle ich mir unser Leben in drei oder fünf Jahren vor:"*
- *„Für unsere Freizeitgestaltung wünsche ich mir ..."*

Besonders herausfordernd können auch diese Themen sein:

- *„Ich habe mich das letzte Mal über dich geärgert, weil ...“*
- *„Ich würde mich in unserer Beziehung ein bisschen zufriedener fühlen, wenn wir ...“*
- *„Ich habe Schwierigkeiten damit, dass ...“*
- *„Ich fühle mich unverstanden im Blick auf ...“*

Frauen und Männer kommunizieren unterschiedlich

Männer und Frauen ticken unterschiedlich in ihrem Kommunikationsverhalten. Die sprachlichen und kommunikativen Fähigkeiten von Frauen sind in der Regel deutlich ausgeprägter als die des Mannes. Sie benutzt pro Tag etwa dreimal so viele Kommunikationszeichen (Worte, Gesten, Töne) wie ihr Partner. Auch wenn es sehr sprachgewandte Männer gibt, geben die Frauen stärker den Ton in partnerschaftlichen Gesprächen an. Nicht selten ist sie diejenige, die das partnerschaftliche Gespräch sucht, während er sich wortkarger gibt und sich schwerer tut, Emotionen in Worte zu fassen.

Harry sagt zu seiner Frau: „Hör mal, das ist interessant, Schatz. Ich habe gerade gelesen, dass einer Studie zufolge Männer durchschnittlich 9000 Wörter am Tag benutzen – Frauen dagegen fast 27 000. Das dürfte ja wohl endgültig beweisen, dass Frauen mehr reden als Männer.“ „Überhaupt nicht“, sagt seine Frau „Das beweist nur, dass wir immer alles dreimal sagen müssen, damit ihr es kapiert!“

In vielen Paarberatungen habe ich häufig wiederkehrende Kommunikationsmuster erlebt, die das Zweiergespräch erschwert haben.

Deine Art, Probleme anzugehen, ist aber nicht meine Art

Männer suchen nach Lösungen – Frauen nähern sich von verschiedenen Seiten einem Problem, wie zum Beispiel Markus und Katja:

Katja: „Meine Chefin war heute echt nervig. Sie hatte wieder andauernd etwas zu meckern. Ich gebe wirklich mein Bestes, aber

das scheint sie nicht zu sehen. Manchmal würde ich am liebsten kündigen und eine neue Stelle suchen."

Markus: „Ich habe dir schon ein paarmal vorgeschlagen, auf dieser einen Internetseite nach Stellenangeboten zu suchen."

Katja: „Ich will von dir nicht gesagt bekommen, was ich tun soll. Höre dir doch einfach nur mal meinen Frust an. Kannst du mich wenigstens ein bisschen verstehen?"

Katja und Markus haben aneinander vorbeigeredet. Katja schildert ihren Frust, Markus schlägt ihr eine Problemlösung vor. Katja will mit ihm über die Chefin reden, Markus geht nicht wirklich auf ihre emotionale Stimmung ein. Katja fühlt sich unverstanden und nicht ernst genommen. Markus fühlt sich mit seinem Vorschlag, Katja zu helfen, nicht wertgeschätzt.

Eine Frau möchte zuallererst verstanden werden. Sie wünscht sich den einfühlsamen Zuhörer und nicht den Problemlöser. Dabei sind für sie auch Kleinigkeiten bedeutsam. Sie teilt ihre einzelnen Gedanken, Gefühle und Reaktionen mit. Gerade durch ihr Erzählen erhofft sie sich Nähe und Verbundenheit mit ihrem Mann. Sie will gesehen und verstanden werden. Im Kopf des Mannes läuft das Denkmuster „Wenn-es-ein-Problem-gibt-muss-eine-Lösung-her" ab. Sein Motiv ist ehrenwert, denn er möchte ihr bei der Lösung einer Schwierigkeit helfen. Er möchte, dass sie sich besser fühlt. Dabei erliegt er der Versuchung, eine vorschnelle Lösung zu präsentieren, statt sich über ihre Emotionen auszutauschen.

Der Weg zu einer Problemlösung verläuft auf männlicher Seite linear, geradewegs auf die seiner Meinung nach passende Lösung zu. Ihre Art, mit Schwierigkeiten umzugehen, liegt im offenen Gesprächsaustausch über ein Problem.

Katja kann in dem oben genannten Beispiel neuerlichen Frust über Markus vermeiden, der sie scheinbar überhaupt nicht verstanden hat, indem sie klar formuliert, was sie von ihm erwartet: „Markus, mein Tag war einfach fürchterlich. Ich muss mich mal ausheulen. Hör mir einfach nur mal zu!" Katja wünscht sich einen Austausch auf der Beziehungsebene. Markus argumentiert auf der

Sachebene. Beide reden aneinander vorbei. Erst wenn sich Katja auf der Beziehungsebene abgeholt fühlt, wird sie sich später auf ein Gespräch über sachliche Lösungen einlassen. Für Paargespräche gilt die Regel: Klärt erst die Beziehungsebene und wendet Euch danach einer sachlichen Lösung zu. Wenn in der Beziehung Unstimmigkeiten aufgetreten sind, könnt Ihr endlos über Lösungen in einer Sachfrage streiten, ohne zu einem Ergebnis zu kommen. Sprecht deshalb immer zuerst mögliche Misstöne an und räumt sie aus. Ist Eure Beziehung geklärt und bereinigt, werdet Ihr konstruktive Problemlösungen besprechen können.

Praxis-Übung: Komplimente

Die folgende Gesprächsübung fordert Euch heraus, einander wertzuschätzen und Lob auszusprechen.

Setzt euch einander gegenüber. Legt nun fest, wer damit beginnt, Anerkennung auszusprechen und wer sie geschenkt bekommt (Sprecher – Zuhörer).

Zunächst hat der Sprecher die Aufgabe, drei allgemeine Komplimente an den anderen nach dem Motto weiterzugeben: Was ich schon immer sehr an dir schätze! Sie sagen etwas aus über grundlegende Charaktereigenschaften, Fähigkeiten oder besondere Persönlichkeitsmerkmale. Beispielsweise: „Ich schätze erstens an dir deine besondere Art von Humor. Du bringst mich immer wieder damit zum Lachen! Zweitens mag ich deine absolut verlässliche Art. Du hältst Zusagen zuverlässig ein. Und drittens gefällt mir deine offene und herzliche Art, mit der du anderen Menschen begegnest. Du hast dein Herz auf dem richtigen Fleck!"

Jetzt gibt der Angesprochene das ausgesprochene Lob noch einmal mit eigenen Worten wieder: „Du findest an mir gut, dass ich erstens ..."

Bitte auf Bewertungen und Interpretationen der Komplimente verzichten. Aber der Wertgeschätzte darf nach der Wiederholung gezielt

Fragen an den Sprecher stellen: „Was genau findest du an meiner Art von Humor so toll?" So wird das ausgesprochene Lob weiter vertieft und konkretisiert.

Nach den allgemeinen Komplimenten bringt der Sprecher jetzt drei alltagsbezogene Komplimente zur Sprache. Was hat mir in den vergangenen Tagen besonders gut gefallen? Wofür verdient der Partner ein dankbares Lob? Es geht um die kleinen, liebenswerten Momente, wie beispielsweise folgende: „Als du gestern Abend noch aufgestanden bist, um mir eine Wärmflasche zu holen, fand ich das sehr liebevoll von dir. Zweitens hat es mich sehr gefreut, dass wir jetzt die Theaterkarten besorgt haben und du dir den nächsten Mittwochabend dafür freigeschaufelt hast. Und dann fällt mir noch der Telefonanruf von gestern Mittag ein. Mir tat es gut, dass du mich gefragt hast, wie die Sitzung am Vormittag gelaufen ist." Wieder gibt jetzt der Zuhörer die drei Alltagskomplimente mit eigenen Worten noch einmal wieder. Er darf auch konkret nachfragen, was genau dem Partner in der jeweiligen Situation so gut gefallen hat.

Nach dieser ersten Komplimente-Runde werden nun die Rollen getauscht. Der Gelobte ist an der Reihe, jetzt nach dem gleichen Muster drei allgemeine und drei alltagsbezogene Komplimente weiterzugeben. Der vormalige Sprecher übt sich jetzt in der Zuhörerrolle. Am Ende dieser Übung habt Ihr einander zwölf schöne, wertschätzende Dinge gesagt, die Eure Seele erwärmen und Euch einfach guttun. Nicht zuletzt habt Ihr ein Dutzend guter Gründe in den Blick genommen, warum es sich lohnt, einander zu lieben.

Notizen:
Was ist Euch konkret bei dieser Komplimente-Übung aufgefallen?

Praxis-Übung: Zeitreise in die Anfangszeit

Die einen hat Amors Pfeil getroffen, als sie sich schon eine halbe Ewigkeit kannten. Ein anderes Paar erlebte im wahrsten Sinne des Wortes die große Liebe auf den ersten Blick. Ob es nun gleich zwischen Euch funkte oder ob einige Monate mit anwachsendem Interesse ins Land gingen – es gab gute Gründe für Euch beide, Euch ineinander zu verlieben.

Bitte versetzt Euch noch einmal in die erste Verliebtheitsphase zurück. Erinnert Euch an die ersten Begegnungen und Verabredungen, die Momente, in denen Ihr nicht anders konntet, als Euch ineinander zu verlieben. Welche konkreten Eigenschaften, Charakterzüge und Wesensmerkmale habt Ihr jeweils bei Eurem Partner wahrgenommen? Was genau war außergewöhnlich und faszinierend? An welchen Punkten habt Ihr gespürt, dass der andere etwas hat, was Euch fehlt?

Sprecht Euch ab, wer von seinen Verliebtheitsfaktoren zu erzählen beginnt. Bitte beschreibt mindestens drei besondere Vorzüge, die Euch ungeheuer angesprochen und angezogen haben.

„Was ich als Frau besonders faszinierend an dir fand, war ...“:

1 _____

2 _____

3 _____

„Was ich als Mann besonders faszinierend an dir fand, war ...“:

1 _____

2 _____

3 _____

Der Zuhörer gibt das Gehörte jetzt mit eigenen Worten noch einmal wieder: „Habe ich dich richtig verstanden? Dir gefiel besonders..."

Tauscht jetzt die Rollen! Der Zuhörer erzählt jetzt seine Liebesgeschichte und nennt ebenfalls mindestens drei entscheidende Anziehungspunkte.

Die Gesprächsübung ruft sehr schöne Erinnerungen in Euch wach. Ihr erfahrt auch etwas darüber, was Eure Liebe in der Gegenwart neu erwärmen wird. Zeigt dem anderen wieder die faszinierenden Seiten, die damals magisch gewirkt haben, und die Chancen stehen gut, auf diese Weise erneut liebevolle Gefühle zu erwecken.

Notizen:

Was habt Ihr in Gedanken und Gefühlen wahrgenommen, wenn Ihr Euch an die Zeit des Kennenlernens zurückerinnert?

_____

_____

_____

_____

_____

_____

_____

_____

_____

 **2 Fair streiten, aber wie?**

Konflikte gehören zum Leben. Wir suchen sie uns nicht immer aus. Sie kommen auf uns zu. Spätestens nach der Verliebtheitsphase lernen sich Liebespartner auch als Konfliktpartner kennen. Zwangsläufig treten Meinungsverschiedenheiten und Interessenkonflikte auf. Es wäre fahrlässig zu glauben, in der Liebe liefe immer alles rund und harmonisch. Die Beziehungsrealität beinhaltet jede Menge Reibungspotenzial. Es beginnt damit, dass zwei sehr unterschiedliche und oft auch gegensätzliche Charaktere dauerhaft miteinander klarkommen müssen. Jeder bringt zudem seine eigene Geschichte mit, hat Erfahrungen, Ängste und persönliche Empfindlichkeiten im Gepäck. Männer ticken zudem ganz anders als Frauen, sodass es auch zu geschlechtsspezifischen Missverständnissen kommen wird. Sie reden, denken und fühlen manchmal völlig unterschiedlich und aneinander vorbei.

Es können sich aber auch äußere Faktoren belastend auf die Beziehung auswirken, wie beispielsweise eine angespannte finanzielle Situation oder das Verhältnis zu den Eltern des Partners. In der Liebe erwarten uns also vielfältige Konfliktherde, die es zu bewältigen gilt. Deshalb brauchen beide eine faire Streitkultur, die sie in die Lage versetzt, Brücken der echten Verständigung über alle Unterschiedlichkeiten hinweg zu bauen. Gute Kommunikation und reife Konfliktfähigkeit funktionieren wie ein Reißverschluss, der zwei Seiten immer wieder neu zusammenbringt.

Konflikt-Flieher und Konflikt-Sucher

Ich stelle immer wieder in Paargesprächen fest, wie unterschiedlich Menschen mit dem Thema „Konflikte" umgehen.

Da sind zunächst einmal die Konfliktscheuen. Sie erleben jede Auseinandersetzung als bedrohlich. Sie haben in ihrem Denken und Fühlen eine große Angst abgespeichert, abgelehnt und nicht mehr geliebt zu sein, wenn es zu Streitigkeiten kommt. Um negative Gefühle zu vermeiden, gehen sie jedem Streit möglichst aus dem Weg. Entweder haben diejenigen in ihrer Familie keine offene Streitkultur erlebt oder es ging so heftig in Auseinandersetzungen zur Sache, dass sie sich geschworen haben, in der eigenen Partnerschaft ganz anders miteinander umzugehen. Sie fliehen die Auseinandersetzung, indem sie sich ins Schweigen zurückziehen oder aufgetretene Probleme verharmlosen. Die heimlich ersehnte Harmonie in der Beziehung erweist sich aber auf Dauer als brüchig. Was unter den Teppich gekehrt wird, wird früher oder später zur Stolperfalle. Unerledigte Streitthemen holen die Beziehung im Alltag wieder ein. Sie schmoren unter der Oberfläche gefährlich vor sich hin.

Im Gegensatz zum Konflikt-Flieher sucht der Konfliktfreudige die offene Auseinandersetzung. Er hat gelernt, dass kritische Punkte auf den Tisch der Beziehung gebracht werden müssen. Er will nichts „anbrennen" lassen und sucht deshalb das offene Gespräch. Für ihn sind Auseinandersetzungen normal und erst einmal als nicht besonders bedrohlich anzusehen. Vielleicht wurden in der Herkunftsfamilie klare Worte gebraucht und es wurde ggf. auch leidenschaftlich miteinander gestritten. Dem Konflikt-Sucher sind verbale Auseinandersetzungen vertraut und er kann gelassener mit ihnen umgehen. Wer in der verbalen Auseinandersetzung sehr geübt ist, kann allerdings manchmal über das Ziel hinausschießen und den anderen verletzen. Für den Konfliktgeübten ist es nach einem heftigen Streit eher wieder gut und erledigt, während der Partner noch lange mit erlebten Verletzungen aus einem Streitgespräch zu kämpfen hat.

Ich ermutige Euch sehr dazu, offen anzusprechen, was an Konflikten im Raum steht. So groß auch die Versuchung sein mag, um des lieben Friedens willen einander zu schonen, es bringt die Beziehung nicht voran. Partnerschaften, in denen oft um den heißen Brei herummanövriert wird, drohen auf lange Sicht zu versteinern und zu erstarren. Ungeklärte Konflikte lähmen die Liebesbeziehung und verhindern, dass die Liebe sich weiterentwickeln wird. Konflikte gehören genauso zur Liebe wie Harmonie und Versöhnung.

Praxis-Übung: Druck und Gegendruck

Ihr steht Euch mit einem Abstand von einem Meter gegenüber. Legt Eure Handflächen jeweils gegen die des Partners. Einer beginnt spielerisch, etwas Druck über die Handflächen auf sein Gegenüber auszuüben. Der andere reagiert darauf so, wie ihm zumute ist. Der wechselseitige Druck kann erwidert, verstärkt oder abgeschwächt werden. Experimentiert mit Euren Energien und beobachtet, was genau mit Euch in der Interaktion passiert.

Wer setzt wann dem anderen etwas entgegen? Wie viel Druck wird als angenehm erlebt? Wann genau wird es unangenehm?

Teilt Euch alle Beobachtungen mit und unterhaltet Euch darüber, in welchen Bereichen der Partnerschaft ein Zusammenspiel von Druck und Gegendruck vorkommt!

Gute Gründe, Auseinandersetzungen offen und fair auszutragen

Wenn Ihr Konflikte und Streitthemen angeht, muss das nicht zwangsläufig zu negativen Gefühlen und Kränkungen führen. Konflikte bergen viele Chancen. Was Ihr gewinnen könnt, wenn Ihr Euch zusammensetzt, um Euch mit Problemen auseinanderzusetzen, macht die folgende Zehn-Punkte-Auflistung deutlich:

1. Wer mit dem Partner spricht und streitet, bleibt in Beziehung. Streiten verbindet.

2. Im Konflikt ist jeder Partner herausgefordert, seinen eigenen Standpunkt zu finden und zu vertreten. Ich werde mir selbst klarer darüber, was ich will und was ich nicht will.

3. Eine offene Auseinandersetzung kann genügend Druck aufbauen, damit sich etwas positiv verändert.

4. Konflikte zielen auf Problemlösungen und eine Weiterentwicklung der Partnerschaft.

5. Im Streitfall lernt Ihr Euch noch besser kennen, mehr als nur Eure Schokoladenseiten. Ihr erkennt deutlicher, was Euch jeweils besonders wichtig ist. Eure verletzlichen Seiten kommen zum Vorschein.

6. Konflikte können neue, ungeahnte Kreativität fördern. Sie ermutigen Euch, festgefahrene Verhaltensweisen zu verlassen und nach neuen Lösungsmöglichkeiten Ausschau zu halten. Wenn etwas in der Beziehung nicht gut funktioniert, probiert, es anders zu machen.

7. Meinungsverschiedenheiten werden ausdiskutiert und Entscheidungen sorgfältiger überdacht, bevor Ihr Euch für eine Lösung entscheidet.

8. Ein echter Streit beinhaltet die Chance einer echten Versöhnung. Nur wer leidenschaftlich ringt, kann sich wieder liebevoll in die Arme schließen.

9. Konflikte lehren Euch, erlittene Kränkungen auszusprechen und um Verzeihung zu bitten.

10. Ein ehrlich ausgefochtener Streit kann sogar Spaß machen. Als ein „Krimi für zwei" produziert er Spannung und sorgt für Adrenalin.

Fragebogen zur partnerschaftlichen Streitkultur

Der folgende Fragebogen soll Euch vor Augen führen, inwieweit Konflikte in der Beziehung schnell zu eskalieren drohen und wie man von negativen Gefühlen im Streit überwältigt werden kann.

Welche der nachfolgenden Aussagen trifft auf Dich zu, welche nicht?

	trifft zu	trifft nicht zu
1. Ich kann sehr schnell explodieren.		
2. Wir werfen einander Worte an den Kopf, die wir später bedauern.		
3. Mein Partner wird mir im Konflikt zu hitzig.		
4. Nach einem Streit ziehe ich mich zurück.		
5. Unsere Konflikte schaukeln sich schnell hoch.		
6. Ich fühle mich den Auseinandersetzungen immer weniger gewachsen.		
7. Die Lautstärke nimmt rasant zu.		
8. Einer oder beide verhalten sich stellenweise feindselig.		
9. Es gelingt uns nur selten, kritische Themen in einem vernünftigen Ton zu besprechen.		

	trifft zu	trifft nicht zu
10. Mein Partner überschreitet meine Grenzen und wird respektlos.		
11. Zu einem Streitpunkt kommen schnell weitere hinzu.		
12. Die Konflikte arten in wechselseitige Vorwürfe und Beschuldigungen aus.		
13. Mein Partner hört mir nicht mehr richtig zu.		
14. In Streitgesprächen spüre ich einen starken Impuls, aus der Situation zu fliehen.		
15. Am Ende eines Streites fühle ich mich meistens schlechter als zu Beginn.		

Auswertung: Jede zutreffende Aussage ergibt einen Punkt.

0–5 Punkte:

Ihr seid für Eure Konfliktkultur zu beglückwünschen. Ihr besitzt die Fähigkeit, Auseinandersetzungen zu führen, ohne in eine Abwärtsspirale negativer Gefühle hineinzugeraten. Ihr könnt unterschiedliche Standpunkte vertreten, ohne in eine feindselige Haltung zu verfallen. Es geht weitgehend mit fairen Mitteln zu. Die sachliche Auseinandersetzung steht im Vordergrund.

Ihr achtet die Grenzen des anderen mit Respekt. Missverständnisse und Kränkungen ufern nicht zu endlosen Streitereien aus. Eure Streitkultur zeichnet sich durch den Willen zur Fairness aus.

Die wenigen Aussagen, die auf Euch zutreffen, könnt Ihr für Euch noch einmal thematisieren.

6–10 Punkte:

Negative Gefühle können in Euren Streitgesprächen schnell die Überhand gewinnen. In manchen Konflikten gelingt es Euch aber trotz hitziger Auseinandersetzung, die Kurve zu einem fairen Konfliktgespräch zu meistern. Aber gerade bei heiklen Themen geratet Ihr in einen negativen Gefühlsstrudel, der eine echte Verständigung und Problemklärung unmöglich macht. Grundlegende Kommunikationsregeln, wie der Gebrauch von Ich- statt Du-Botschaften, die Konzentration auf ein Thema, sich ausreden lassen und aufmerksames Zuhören können Eure Streitkultur in kurzer Zeit deutlich verbessern.

11–15 Punkte:

Konflikte arten schnell zu feindseligen Auseinandersetzungen aus. Der Streit eskaliert sehr schnell. Ihr steht in der Gefahr, respektlos miteinander umzugehen und Euch mit spitzen Bemerkungen zu kränken. Im Streit brechen alle Dämme und überfluten Euch mit negativen Gefühlen. Ihr erlebt Euch ängstlich, wütend, rachgierig, bitter, neidvoll, unverstanden, angegriffen und tief verletzt.

Möglicherweise schwelen in der Beziehung viele ungelöste Konflikte, die Euch im Streit sehr schnell einholen und ein aktuelles Problem überlagern. Ihr fühlt Euch verletzt und geht auf eine verletzende Art und Weise miteinander um. Möglicherweise dient permanentes Streiten auch dazu, Nähe und Intimität zu vermeiden. Jeder ist ärgerlich und frustriert und will den Partner deshalb nicht zu nahe an sich herankommen lassen.

Die gute Nachricht lautet: Ihr habt die Chance, eine faire Streitkultur zu erlernen und einzuüben. Wenn es mit der Zeit immer ein bisschen besser gelingt, die in diesem Kapitel angesprochenen Streitregeln zu beachten, wird sich die Atmosphäre in Eurer Beziehung nachhaltig verbessern. Voraussetzung ist die echte Bereitschaft, eingefahrene Streitmuster zu verlassen und neue zu trainieren.

So schnell kann es gehen –
ein Streitgespräch mit typischen Konfliktmustern:

Thomas und Anne sind seit sechs Jahren miteinander verheiratet und Eltern des vierjährigen Jonas. Beide gehen arbeiten. Anne kommt in der Regel gegen 16 Uhr von ihrer Arbeitsstelle nach Hause, nachdem sie Jonas aus dem Hort abgeholt hat. Thomas trifft zwei Stunden später um 18 Uhr zu Hause ein. An diesem Tag hat er sich schon etwas früher freigenommen, um mit seinem Freund Peter joggen zu gehen. Nach dem Begrüßungskuss entwickelt sich zwischen ihnen ein heftiger Streit.

Anne: „Warum bist du heute schon so früh zu Hause?"
Thomas: „Du, ich wollte gleich mit Peter joggen gehen. Da hab ich früher Schluss gemacht."
Anne: „Gut, dass ich das auch mal erfahre. Na toll. Du hättest mir wenigstens etwas davon sagen können."
Thomas (leicht gereizt): „Jetzt mache bitte nicht gleich ein Problem daraus. Da hat Peter ausnahmsweise mal Zeit und Du fängst schon wieder an zu meckern."
Anne (in vorwurfsvollem Ton): „Jetzt rede dich nicht wieder raus. Wenn's nur die eine Stunde joggen wäre, würde ich ja nichts sagen. Aber gestern und vorgestern Abend warst du doch auch auf Achse. Und ich kann mich die ganze Zeit alleine um Jonas kümmern."
Thomas: „Jetzt geht das schon wieder los. Ich weiß ja, dass du mir nichts gönnst!"
Anne: „Und du hast mal wieder überhaupt nicht verstanden, worum es geht. Ist doch typisch für dich."
Thomas: „Ich weiß, ich mache sowieso alles falsch! Da kann ich mal früher aus dem Büro raus und du regst dich immer gleich so auf."
Anne: „Ich rege mich auf, wenn ich mich aufregen will. Was dagegen?"
Thomas: „Dabei hast du doch immer schon um halb vier Schluss."

Anne: „Ach, hör mir doch auf damit. Du denkst doch immer nur an dich. Und wenn ich dich mal brauche, dann ...“

Thomas: „Was dann ...?“

Anne: „Genau wie dein egoistischer Vater!“

Thomas (ironisch): „Das sagt ja gerade die Richtige. Deine Psycho-Eltern haben aber alles richtig gemacht!“

Anne (ebenso ironisch): „Du bist so was von gemein. Rede doch noch lauter, damit Jonas auch alles mitkriegt.“

Thomas (äfft Anne nach): „Damit Jonas auch alles mitkriegt!“ Ich hab da keinen Bock drauf! Ich bin jetzt weg.“

Anne: „Und wann gedenkt der gnädige Herr zurückzukommen?“

Thomas: „Weißt du, wo meine Trainingshose ist? Liegt die noch im Bad?“

Anne (sarkastisch): „Bin ich dein Hausmädchen? Such sie dir doch selber. Und grüß Peter schön von mir!“

Thomas schnappt sich schweigend seine Trainingstasche und verlässt wortlos das Haus. Wie wird es bei den beiden weitergehen? Vermutlich klagt Thomas seinem Freund Peter sein Leid, wie ungerecht Anne sich ihm gegenüber verhält. Nach dem Jogging verspürt Thomas wenig Lust, nach Hause zu kommen. Er geht lieber mit seinem Freund noch einen trinken. Und Anne? Sie schildert ihrer besten Freundin in einem langen Telefonat, dass ihr Mann sich unmöglich verhält, egoistisch ist und sie überhaupt nicht versteht. Nach ihrem Streit ist für beide der Abend gelaufen.

Aufgabe:

Welche destruktiven Kommunikationsstile fallen Euch in diesem Streitgespräch auf? Welche Weichen stellen Anne und Thomas in ihrem Konflikt, die sie beide in die Sackgasse führen?

Wie unterschiedlich Männer und Frauen im Konflikt reagieren

Paarforscher haben herausgefunden, dass Männer und Frauen unterschiedliche körperliche Reaktionen zeigen, wenn ein Konfliktthema ansteht. Wissenschaftlich untersuchten sie den Grad

physischer Erregung, wie Atmung, Herzfrequenz, Adrenalinausschüttung und Schweißbildung, wenn ein Beziehungsproblem angesprochen wurde.

Dabei stellte sich heraus, dass die männlichen Probanden innerhalb von nur 30 Sekunden extreme physische Reaktionen zeigten, wenn ihre Partnerin Kritik an ihnen übte. Für ihn war die augenblickliche innere Anspannung so groß, dass er nur noch zwei Impulse verspürte: Kämpfen oder Fliehen. Die extreme innere Anspannung des Mannes macht es ihm kaum möglich, souverän auf die ausgesprochene Kritik zu reagieren. Weil er sich sehr schnell angegriffen und infrage gestellt fühlt, neigt er zum verbalen Gegenangriff. „Willst du Streit, dann kannst du ihn jetzt haben!" Ebenso kann die innere Erregung dazu führen, die Situation so schnell wie nur möglich verlassen zu wollen. Für den Mann erscheint in diesem Moment der innere Druck unerträglich. Er fühlt sich ohnmächtig. Manche Männer fliehen regelrecht aus dem Raum oder dem Haus, um emotional wieder herunterzukommen. Wenn er sich unter explosivem Druck fühlt und eine Auszeit von ihr einfordert, darf sie ihn unter keinen Umständen zum Weiterreden zwingen. Wie ein in die Ecke gedrängtes Tier ist er in der Gefahr, verbal oder auch physisch um sich zu schlagen.

Mein eindringlicher Rat an Dich als Frau lautet: Sosehr Du Dir auch in der Streitsituation ein Weiterreden mit Deinem Mann wünschst, wenn er signalisiert „Stopp! Ich kann jetzt nicht mehr. Bitte hör auf!", respektiere seinen Wunsch nach einem „Timeout". Für Dich als Mann gilt umgekehrt: Auch wenn Du im Augenblick eine Gesprächspause brauchst, bleibt es in Deiner Verantwortung, die offene Diskussion zu einem späteren Zeitpunkt wieder zuzulassen.

Kommt ein Kritikpunkt auf den Tisch, reagieren Frauen deutlich entspannter. Anders als der Mann erleben sie sich offen und entspannt. Sie wünschen sich ja ein klärendes Gespräch. Geht der Partner aber aus Kampf- oder Fluchtimpulsen nicht auf ihr Anliegen ein, steigt der weibliche Stresspegel kontinuierlich in die Höhe und erreicht nach 10 bis 15 Minuten die gleiche mentale

und körperliche Anspannung, die er schon nach 30 Sekunden verspürte. Während der Mann ca. 20 Minuten braucht, um sich emotional abzukühlen und sich wieder entspannt zu fühlen, gelingt das der Frau schon in wenigen Minuten.

Es ist sehr wichtig und hilfreich, diesen Zusammenhang zwischen einem Streitthema und dem Grad der inneren Erregung zu berücksichtigen. Ihr tickt dabei sehr unterschiedlich, geradezu gegensätzlich. Jeder von Euch kann auf seine Weise dazu beitragen, die Eskalation von Konflikten zu vermeiden. Wie das geht? Als Mann darfst Du deutlich signalisieren, wenn der innere Druck zu groß wird. Sprich es Deiner Frau gegenüber deutlich an! „Ich merke, es wird mir jetzt gerade zu viel. Ich fühle mich total angespannt und brauche im Moment etwas Abstand! Lass uns nach einer Pause in Ruhe weiterreden!"

Weil Du als Frau weißt, dass er etwa eine 20-minütige Pause braucht, um sich innerlich zu entspannen, solltest Du ihm diese Zeit gönnen. Er kann eine Runde mit dem Hund gehen oder sich auf andere Art und Weise gedanklich und emotional sortieren. Nach dem Break solltest Du Dich als Mann aber nach Möglichkeit wieder in die Diskussion einbringen. Du wirst jetzt wesentlich ruhiger und durchdachter wieder neu ins Gespräch einsteigen können.

Klar und selbstbewusst kommunizieren!

Je klarer und authentischer wir miteinander reden, umso besser gelingt die gemeinsame Verständigung. Im partnerschaftlichen Gespräch senden wir auf der verbalen Ebene rationale Botschaften. Damit sind sachlich vermittelte Wortinhalte gemeint. Neben der rationalen Ebene einer Botschaft gibt es auch eine emotionale. Auf ihr vermitteln wir unsere Gefühle und Stimmungen. Klar kommunizieren bedeutet: Die rationale und emotionale Botschaft, die wir aussenden, stimmen überein. Die Aussage „Ich liebe dich!" vermittelt auf der rationalen Ebene eine sachlich formulierte Liebeserklärung. Es hängt von der emotionalen Botschaft ab, ob sie auch als solche verstanden wird. Sagt mein Partner in einem warmen Tonfall zu mir „Ich liebe dich!" und lächelt er mich dabei strahlend an, nehme ich seine Liebeserklärung als glaubwürdig an. Ich fühle mich durch seine Worte, Mimik, Gestik und Tonfall geliebt. Spricht er aber die gleiche Botschaft „Ich liebe dich!" mit gelangweilter Stimme und desinteressiertem Gesichtsausdruck, wirkt seine Liebeserklärung alles andere als glaubhaft. Ich werde mich ungeliebt, abgelehnt fühlen und vermutlich irritiert bis ärgerlich reagieren.

Stimmen rationale und emotionale Ebene nicht überein, erreichen den Empfänger widersprüchliche Botschaften. Er fühlt sich verunsichert. Je mehr aber das, was ich sage, mit dem übereinstimmt, was ich nonverbal vermittle, umso klarer wird meine Kommunikation. Der andere weiß, womit er bei mir dran ist. In jeder Zweierbeziehung bleibt es eine immerwährende Herausforderung, geradlinig, klar und authentisch miteinander zu reden. Damit wir einander eindeutig verstehen und richtig verstanden werden, müssen wir ganz bewusst auf deckungsgleiche verbale und nonverbale Botschaften achten. Was wir emotional kommunizieren, hat für den Empfänger deutlich größeres Gewicht als seine gesprochenen Worte.

Was so leicht und verständlich klingt, erweist sich in der Beziehungspraxis als äußerst herausfordernd. In jedem von uns steckt die heimliche Angst, vom anderen abgelehnt oder zurückgewiesen zu werden. Wie schnell fühlen wir uns durch eine kritische Bemerkung angegriffen? Unser Selbstwertgefühl reagiert äußerst empfindlich auf jede Art von Bedrohung. Weil wir leicht gekränkt werden können, greifen wir zu sogenannten Schutzstrategien in der Kommunikation. Mit ihrer Hilfe versuchen wir den Partner in einem Gespräch von uns selbst abzulenken. Wir starten kommunikative Täuschungsmanöver. Wir gehen auf unser Gegenüber in einer Art und Weise ein, die uns vor Verletzungen schützen soll. Von eigenen Schwächen und Fehlern lenken wir um jeden Preis ab.

Diese sechs charakteristischen Kommunikationsmuster kommen häufig in partnerschaftlichen Konfliktgesprächen vor:

Konfliktmuster 1: Anklagen

Wer anklagt, will stark und unangreifbar wirken. Nach dem Motto „Angriff ist die beste Verteidigung" werden Vorwürfe gemacht und die vermeintlichen Fehler des anderen unbarmherzig angeprangert. „Du hörst mir wieder mal nicht richtig zu. Du nervst mich mit deinem ewigen Gejammer. Du hast wieder keine Frischmilch eingekauft!" Wer so anklagt, gibt dem Partner die Schuld und lenkt von eigenen Versäumnissen geschickt ab. „Du verhältst dich falsch und du bist falsch!", lautet die immer wiederkehrende Botschaft des Anklägers. „Wenn du dich richtig verhalten würdest und keine Probleme hättest, wäre in unserer Beziehung alles in bester Ordnung." So wird der Angeklagte von oben herab diskreditiert. Er wird für alle Probleme in der Partnerschaft verantwortlich gemacht. Häufig kann man beobachten, wie der Ankläger während eines Disputs in seiner Körperhaltung Drohgebärden praktiziert, indem er beispielsweise mit dem Zeigefinger auf sein gegenüber zeigt. Seine offen aggressive Haltung spiegelt sich in Mimik, Gestik und Körperhaltung wider. Anklagen dienen keiner sachlichen Auseinandersetzung über Probleme, sondern vor allem dazu, von eigenen Schwächen und Defiziten abzulenken und sich dadurch zu schützen.

Beispiel:
A: „Du hast wieder vergessen, den Müll wegzubringen!"
B (Gegenanklage): „Und du hast nicht eingekauft. Der Kühlschrank ist leer. Auf dich kann man sich überhaupt nicht verlassen!"

Konfliktmuster 2: Verharmlosen

Wer sich kritisiert fühlt, kann zum Mittel des Verharmlosens und Beschwichtigens greifen. Ich fürchte den Ärger meines Partners und versuche, ihn mit allen Mitteln zu beschwichtigen. Die in der Luft liegende Spannung macht mir Angst und wirkt bedrohlich auf mich. Ich will den Zorn des Partners abkühlen und durch Verharmlosen für eine bessere Stimmung sorgen. Ziel der verharmlosenden Kommunikation ist es, sich einzuschmeicheln, zu gefallen

und sich anzupassen. Probleme werden geschickt verharmlost. „Es ist doch längst nicht so schlimm, wie du es gerade darstellst!", lautet die unterschwellige Botschaft des Verharmlosenden. Echte Probleme werden kleingeredet und Schwierigkeiten beschönigt. Die negativen Gefühle des anderen werden heruntergespielt und als unangemessen bezeichnet. Angesprochene Fehlleistungen erklärt der Beschöniger auf elegante Weise zu Bagatelldelikten. In der Regel bezieht der Verharmlosende selbst keinen klaren Standpunkt. Er fürchtet sich davor, dass es zu einer handfesten Auseinandersetzung kommen könnte. Konfrontation will er um jeden Preis vermeiden. Wer ernsthaft über ein Problem diskutieren will, aber dabei auf einen beschwichtigenden Partner trifft, fühlt sich überhaupt nicht ernst genommen. Die verharmlosende Taktik des anderen macht ihn erst recht wütend.

Beispiel:
A: „Du hast wieder vergessen, den Müll wegzubringen!"
B (verharmlost): „Jetzt werde doch nicht gleich ärgerlich. Der Mülleimer ist ja noch gar nicht voll. Außerdem kommt das Müllauto erst nächste Woche. Also noch jede Menge Zeit."

Konfliktmuster 3: Rationalisieren

Der Rationalisierer spielt den „Neunmalklugen". Er weiß alles besser. Erscheint ihm das, was sein Partner gesagt hat, als bedrohlich, reagiert er durch die scheinbar souverän wirkende Tour kluger Antworten. Er zitiert beispielsweise eine Statistik, die er erst neulich gelesen hat, oder er greift auf einen Zeitschriftenartikel zurück, aus dem unzweifelhaft hervorgeht, dass die Aussagen des Partners so nicht richtig sind. Aktuelle Probleme werden als völlig normal dargestellt und müssen deshalb auch nicht angegangen werden. Wer in Konfliktgesprächen rationalisiert, kommuniziert nur über die Verstandesebene. Die Stimme klingt sachlich kühl, fast seelenlos und kommt wie eine Computerstimme rüber. In Oberlehrermanier wird nicht auf die Emotionen des Partners eingegangen. Gefühlsregungen bleiben außen vor. Häufig werden auch ärgerliche Gefühle des anderen verharmlost. Der verkopfte

Gesprächspartner will auf diese Art und Weise erreichen, dass ein unbequemes Konfliktthema nicht weiter vertieft wird. Indem der Rationalisierer den anderen durch kluge Sprüche regelrecht auflaufen lässt, schürt er nur noch mehr Aggression.

Beispiel:
A.: „Du hast wieder vergessen, den Müll wegzubringen!"
B. (rationalisiert): „Ein Entleeren des Mülleimers macht erst Sinn, wenn er voll ist. Darüber hinaus halte ich eine Neuausrichtung der Aufgabenteilung in unserem Haushalt für geboten. In der Tageszeitung von gestern wies ein Psychologe darauf hin, dass in achtzig Prozent aller Ehen die Aufgaben im Haushalt zwischen den Geschlechtern ungleich verteilt sind."

Konfliktmuster 4: Ablenken

Diese Kommunikationsvariante ist einfach und sehr wirkungsvoll. Um sich einem unangenehmen Gespräch zu entziehen, wechselt der Ablenker plötzlich und unerwartet das Thema. Er geht mit keiner Silbe darauf ein, was ihm gerade gesagt wurde. Mit kritischen Themen oder negativen Emotionen will er sich auf keinen Fall näher beschäftigen. Er lässt nichts mehr an sich heran und macht dicht. Nach dem Motto „Ablenken ist die beste Verteidigung" wechselt er gekonnt und rücksichtslos das Thema. Sein Gesprächspartner fühlt sich überhaupt nicht gehört und ernst genommen. Er wird regelrecht vor den Kopf gestoßen.

Beispiel:
A.: „Du hast wieder vergessen, den Müll wegzubringen!"
B. (lenkt ab): „Kommt heute Abend eigentlich ein Tatort im Ersten? Die Kölner Kommissare gefallen mir noch am besten!"

Konfliktmuster 5: Gespielte Ahnungslosigkeit

Wer diesen Redestil verwendet, verhält sich in etwa so wie ein Hundewelpe, der von einem vermeintlich stärkeren Hund ange-

gangen wird. Er legt sich verbal auf den Rücken und gibt sich bewusst schutzlos. Er hofft, dadurch vor weiteren Angriffen sicher zu sein. Er mimt den Schwachen: „Bitte tu mir nichts. Ich habe doch nichts Böses gemacht." Eine ahnungslose Haltung spiegeln folgende typische Sätze wieder: „Das höre ich jetzt zum ersten Mal!", „Ich habe gar nicht gewusst, dass ..." Werden diese Sätze im Unschuldston ausgesprochen, fällt es natürlich dem anderen sehr schwer, seine ärgerliche Kritik aufrechtzuerhalten. Weil der andere sich so wehrlos gibt, zieht er seine Kritik zurück oder mildert sie ab. Der Ahnungslose hat sein Ziel erreicht. Er wird nicht weiter bedroht, sondern mit Samthandschuhen behandelt.

Beispiel:
A.: „Du hast wieder vergessen, den Müll wegzubringen!"
B. (reagiert ahnungslos): „Echt? Das ist mir gar nicht aufgefallen. Wenn ich den vollen Mülleimer gesehen hätte, dann hätte ich ihn schon geleert. Manchmal vergesse ich es einfach ohne böse Absicht."

Konfliktmuster 6: Ironisieren und sarkastisch verklären

Ironie und Sarkasmus können als effektive Schutzmauern im Streit eingesetzt werden. Die Aussage des Partners braucht nur ins Lächerliche gezogen zu werden, um sie völlig abzuschwächen. Ironie und Sarkasmus dienen als Ablenkungsstrategie für eigene Fehler und Defizite. Ironische Antworten können darüber hinaus wie scharf geschliffene Angriffswaffen benutzt werden. Auf spöttische Weise werden die Schwachpunkte des Partners gegeißelt und unbarmherzig offengelegt. Es entsteht eine ablehnende bis feindselige Atmosphäre. Nicht nur die Worte des anderen, sondern auch seine Person werden bösartig ironisiert. Ironie und Sarkasmus sind keine harmlose Stichelei, sondern eine äußerst unfaire Streitstrategie.

Beispiel:
A.: „Du hast wieder vergessen, den Müll wegzubringen!"
B. *(in spöttischem Tonfall):* „Ein nicht geleerter Mülleimer ist aber auch ein echtes Problem. Hoffentlich wurde in der Küche noch kein Seuchenalarm ausgelöst. Wie gut, dass deinen stets wachsamen Blicken keine Katastrophe entgeht."

Praxis-Übung: Durch Kommunikation täuschen

Um die Wirkung dieser sechs Täuschungsmanöver genauer zu entdecken, schlage ich Euch vor, sie in einem Rollenspiel auszuprobieren. Einer bringt jeweils die gleiche Kritik an, während der andere auf die sechs skizzierten Arten darauf antwortet. Anschließend werden die Rollen getauscht, damit Ihr beide ein Gefühl für diese Kommunikationsstile bekommt.

■ *Welche Täuschungsmanöver aus Deiner Kommunikation sind Dir vertraut?*

■ *Welche liegen Dir eher fern?*

■ *Wozu neigt aus Deiner Erfahrung der Partner?*

■ *Welche Reaktionen haben die unterschiedlichen Stile bei Dir in der Rolle des Kritikers ausgelöst?*

■ *Was hat Dich noch ärgerlicher gemacht und welche Reaktionen haben Deinen Ärger besänftigt?*

Ich bin davon überzeugt, dass die Scheidungs- und Trennungsraten deutlich abnehmen würden, wenn auf verbale Täuschungsmanöver weitgehend verzichtet würde. Im Beispiel des vergessenen Mülleimers lautet die richtige Antwort: „Ja, das stimmt. Es tut mir leid. Ich werde ihn gleich leeren." Der Kritisierte verzichtet darauf, zurückzuschlagen, spielt das Mülleimerproblem auch nicht herunter, sondern geht ehrlich und authentisch darauf ein. Ein aufrichtiges „Tut mir leid" nimmt den Ärger des anderen ernst und das aufgezeigte Problem wird praktisch gelöst.

Fairness-Regeln für fruchtbare Auseinandersetzungen

Streitgespräche an sich sind weder gut noch schlecht. Sie sind aber immer wieder notwendig. Die entscheidende Frage ist nicht, ob Konflikte ausgetragen werden, sondern wie Ihr sie gestaltet. Ein gelungenes Streitgespräch erkennt Ihr daran, dass sich beide Partner am Ende besser fühlen als zu Beginn der Auseinandersetzung. Ihr habt Eure Standpunkte und Bedürfnisse deutlich geschärft und sie trotz aller Unterschiedlichkeit stehen gelassen. Vor allem dann, wenn es gelungen ist, fair auszuhandeln, wie Ihr künftig mit einem Konfliktthema umgehen wollt, hat sich die Mühe gelohnt.

Ein Tipp: Streitregeln werden am sinnvollsten in einer positiven und harmonischen Atmosphäre verabredet, in der man in Ruhe miteinander überlegen kann, welche Leitlinien für die eigene Streitkultur besonders hilfreich sind. In einem Streitgewitter auf bestimmte Gesprächsregeln zu pochen wird oft wirkungslos bleiben oder den Zorn des Partners nur zusätzlich schüren. In hitzigen Wortgefechten passiert es schnell, dass beide alle klugen Regeln über Bord werfen. Umso wichtiger ist es, sie in kleineren Diskussionen bewusst einzuüben. Dann färben sie auch auf Euer Gesprächsverhalten in gewichtigeren Auseinandersetzungen ab. Die folgenden Konfliktregeln helfen Euch dabei, einen guten Rahmen für klärende Gespräche abzustecken:

Fairness-Regel 1: Achtet auf eine wohlwollende Haltung

Was könnte im besten Fall dabei herausspringen, wenn Ihr aufeinander zugeht und offen, klar und ehrlich miteinander sprecht? Wenn Frust und Ärger im Spiel sind, behaltet den Partner als einen „geliebten Feind" im Auge, den ihr immer noch gut riechen könnt, auch wenn er im Moment echt schwierig erscheint. Eine vertrauensvolle Grundeinstellung ist die halbe Miete. Die Beziehung lebt davon, dass beide sich grundsätzlich achten. Gerade dann, wenn Ihr ungeschminkt miteinander redet und Euch nicht schont, zeigt Ihr dadurch, wie viel Euch die Beziehung und der andere bedeutet. Wenn eine unangenehme Wahrheit zur Sprache

kommen soll, hilft eine klare Ansage: „Es fällt mir schwer, mit dir über dieses Thema zu reden, und wahrscheinlich fällt es dir auch schwer, mir zuzuhören. Aber weil mir an unserer Liebe liegt, spreche ich es an." Gerade harte Wahrheiten brauchen eine Portion Wohlwollen, um sicher landen zu können.

Fairness-Regel 2: Verzichtet auf Machtkämpfe

Wie schnell tanzt ein Paar im Konflikt nach der Melodie „Wer setzt sich durch? Wer hat das letzte Wort? Wer gewinnt und wer zieht den Kürzeren?". Im Machtkampf will jeder führen und bestimmen. Dabei treten sich die Partner zwangsläufig auf die Füße. Im Machtkampf geht es um die Machtfrage in der Partnerschaft. Konfliktgespräche nehmen eine negative Wendung, wenn die Bereitschaft zu Kompromissen fehlt.

Machtkämpfe können auf Dauer auch die beste Beziehung entzweien. Denn wo es einen Gewinner gibt, bleibt immer auch ein Verlierer zurück. Machtspiele verhindern sogenannte „Win-win-Lösungen", bei denen beide letztlich von einem Konflikt profitieren. Wenn Ihr gemeinsam statt gegeneinander an der Lösung eines Konfliktes arbeitet, stehen die Chancen gut, dass Ihr davon profitieren werdet. Jeder äußert seine Wünsche und Vorstellungen und hat dabei auch die Beziehung im Blick. Wie kann eine Lösung aussehen, bei der beide gewinnen?

Fairness-Regel 3: Findet einen geeigneten zeitlichen und räumlichen Rahmen

In der Hitze des Alltags kommt es manchmal urplötzlich zu hitzigen Wortgefechten. Dabei sind weder der Zeitpunkt noch der Ort für eine Auseinandersetzung günstig. Kommen gerade die Kinder aus der Schule, endet gleich die Mittagspause oder macht sich bleierne Müdigkeit am späten Abend breit, ist das kaum die passende Gelegenheit zu einer vernünftigen Auseinandersetzung. Vereinbart besser einen geeigneten Termin, an dem Euer Stressbarometer niedriger steht: „Ich schlage vor, dass wir lieber später

darüber diskutieren, wenn wir beide etwas ruhiger geworden sind und ungestört Zeit haben." Wählt einen geeigneten Ort aus, an dem Ihr Euch beide auf Augenhöhe erlebt. Geht zum Beispiel an die frische Luft und erörtert ein Problem auf einem Spaziergang.

Fairness-Regel 4: Übt Transparenz!

Ein amerikanischer Paartherapeut veröffentlichte ein Buch unter dem Titel: „Ich dachte, unsere Ehe sei gut, bis meine Frau mir sagte, wie sie sich fühlt." Jeder darf ansprechen, was auf den Nägeln brennt. „Ich erlaube dir, in meine Gedanken und Gefühle hineinzusehen. Ich öffne mich. Umgekehrt erwarte ich von dir die gleiche Haltung. Nur wenn ich dich wirklich sehen darf, weiß ich, womit ich bei dir dran bin!" Bitte vermeidet den Kardinalfehler, einander erst viel zu spät von inneren Zweifeln, von unerfüllten Bedürfnissen oder ablöschenden Verhaltensweisen zu erzählen. Je früher ein Konflikt auf den Tisch kommt, desto besser stehen die Chancen, ihn fair und lösungsorientiert anzugehen.

Fairness-Regel 5: Jedes Problem ist ein gemeinsames Problem

In Beratungsgesprächen erlebe ich immer wieder, wie ein Partner ein für ihn bedrängendes Problem schildert und der andere daraufhin signalisiert: „Was geht mich das an? Wenn du ein Problem hast, dann löse es – und es geht unserer Beziehung wieder gut!" In Wahrheit ist jedes Problem, das ein Partner mitbringt, zugleich immer auch ein partnerschaftliches Problem. Wenn er beispielsweise in der Nacht nur bei offenem Fenster schlafen kann, sie dagegen ein geschlossenes Fenster bevorzugt, dann haben beide ein Problem mit der Nachtruhe. Bleibt das Fenster zu, schläft er schlecht. Bleibt es offen, findet sie keinen guten Schlaf. Wenn er fordert, sie müsse ihre empfindliche Art gegenüber der Frischluftzufuhr ablegen und dann sei alles in Ordnung, zeigt er eine sehr eingeschränkte Sichtweise des Problems. Deshalb müssen immer beide fair aushandeln, wie sie die „Fensterfrage" dauerhaft zur beiderseitigen Zufriedenheit lösen wollen.

Praxis-Übung für zwischendurch: Wer hat Schuld?

Legt ein Blatt Papier der Größe DIN A4 vor Euch auf den Tisch oder Boden. Dieses Blatt steht für die gesamte Schuld an einem Konflikt, der zwischen Euch aufgetreten ist. Die Frage lautet: Wer hat wie viel Schuld daran? Wer trägt welchen Anteil? Jeder schätzt, wie groß sein Anteil am Streit ist. Stimmen beide Einschätzungen überein, wird das Blatt entsprechend zerschnitten und jeder erhält anschließend seinen Konfliktanteil. Gehen Eure Einschätzungen auseinander, müsst Ihr solange verhandeln, bis Ihr Euch auf eine gerechte Schuldaufteilung geeinigt habt. Danach nimmt jeder seinen Anteil entgegen.

Fairness-Regel 6: Streitet mit Anfang und Ende

Damit sich eine Diskussion nicht stundenlang im Kreis dreht, könnt Ihr die Gesprächsampel auf Rot schalten, um den Kreislauf zu unterbrechen und auszusteigen. Vereinbart eine Eskalationsgrenze. Wann ist im Gespräch der Punkt erreicht, an dem es nichts mehr bringt weiterzureden, außer jede Menge Frust? Besonders dann, wenn die Angriffe und Vorwürfe zunehmend schärfer werden oder Ihr in einen beleidigenden Ton verfallt, ist es höchste Zeit für einen Gesprächsstopp. Ihr könnt Euch beispielsweise eine gelbe Karte zeigen, wenn das erste Kommunikations-Foul passiert ist. Zur roten Karte wird gegriffen, wenn sich unfaire Attacken wiederholen. Meistens ist nach 90 Minuten die Lust raus und alle Aspekte sind für den Moment ausgesprochen. Besser den Konflikt rechtzeitig beenden und zu einem späteren Zeitpunkt fortsetzen. Wenn Ihr Euch in Rage redet, werdet Ihr keine vernünftigen Lösungen erzielen können.

Fairness-Regel 7: Um Erlaubnis zum Streiten bitten

Diese Regel klingt auf den ersten Blick gekünstelt und theoretisch abgehoben. Hinter ihr verbirgt sich aber eine wichtige Einsicht. Wenn ich einen Streit vom Zaun breche, mein Partner aber überhaupt nicht offen für eine Auseinandersetzung ist, kommt nichts dabei herum. Eine sinnvolle Diskussion setzt die Bereitschaft beider zum Gedankenaustausch voraus. Es gilt, die Offenheit des Partners anzufragen. „Ich würde gerne mit dir zwei Punkte besprechen, die für mich unbefriedigend laufen. Ist das für dich in Ordnung, wenn wir jetzt darüber reden?" Ich lasse dem anderen auf diese Weise die Freiheit, „Ja" oder „Nein" zu sagen. Wer zum Beispiel hundemüde ist oder von heftigen Kopfschmerzen geplagt wird, wird keine Lust auf einen Disput haben. Es ist in solchen Fällen besser, das Konfliktgespräch zu vertagen, als es in gereizter Atmosphäre zu starten: „Du, ich bin furchtbar kaputt und im Moment überhaupt nicht aufnahmefähig. Lass uns zu einer anderen Zeit reden." Eine Vertagung des Gesprächs ist in Ordnung. Was aber nicht geht, ist eine dauerhafte Verweigerung. „Dann schlag du bitte einen besseren Zeitpunkt vor. Wann können wir über meine Themen reden?"

Fairness-Regel 8: Feiert fröhlich Versöhnung

Der Schriftsteller Manfred Hausmann hat eine einfache, aber bedeutsame Wahrheit für Beziehungen ausgesprochen: „Liebende leben von der Vergebung." Wer erfahrene Kränkungen und Verletzungen nicht verzeihen will, sondern festhält und sie dem anderen nachträgt, macht sich selbst und seinem Gegenüber das Leben schwer. Nachtragen und Anklagen festhalten kostet viel Kraft. Der Nachtragende hat seine Hände nicht mehr frei für eine liebevolle Umarmung. Deshalb ist es so ungeheuer befreiend, dem Partner zu vergeben und zu verzeihen. „Ich gebe es bewusst aus der Hand, was ich dir nachgetragen habe. Ich gebe es weg und verzichte darauf, es dir je wieder vorzuhalten." Vergeben können setzt innere Großzügigkeit und ein weites Herz voraus. „Ich könnte dir deine Versäumnisse zwar ewig vorhalten, aber ich verzichte großmütig und um unseretwillen darauf." Tiefe Verletzungen, die aus Streitigkeiten resultieren, müssen nicht sofort verziehen werden. Es braucht Zeit, um etwas Abstand zu bekommen. Aber auf Dauer ist die Entscheidung zur Vergebung der erste Schritt zur Heilung von erlittenen Verwundungen.

Wenn es Euch gelungen ist, auszuräumen, was eine Weile zwischen Euch gestanden hat, ist der Weg zu echter Versöhnung frei. Vielleicht hat ein Beziehungsgewitter die Luft in der Partnerschaft gereinigt. Ihr habt hart miteinander gerungen. Jetzt ist es Zeit, Euch für einen gelungenen Streit zu belohnen. Ein Glas Wein zusammen genießen, einen heiteren Ausflug unternehmen oder eine erotische Aussöhnung feiern. Liebe braucht versöhnliche Schritte, sonst geht sie auf Dauer qualvoll ein. Echte Versöhnung macht die Hände wieder von Vorwürfen frei und offen, einander zu umarmen. Gönnt Euch solche Sternstunden des kleinen oder großen Neuanfangs. Wartet nicht darauf, dass der andere den ersten Schritt tut.

Praxis-Übung für zwischendurch: „Ärgerfaust"

Die Übung dient dazu, herauszufinden, wie Ihr mit Ärger, Wut und Zorn Eures Partners umgeht. Einer schlüpft in die Rolle des Ärgerlichen, der andere in die des Ärger-Lösers. Stellt Euch einander gegenüber und führt die Aufgabe ohne zu reden aus. Der Ärgerliche ballt seine Faust und stellt sich dabei vor, er sei zornig und wütend auf den Partner. Dazu erinnert er sich an eine Situation, in der sein Partner ihn furchtbar aufgeregt hat.

Der Ärger-Löser hat nun die Aufgabe, die fest geballte Faust seines Gegenübers zu lösen. Er probiert alle Möglichkeiten aus, die ihm einfallen. Der Ärgerliche darf erst dann die zur Faust geballte Hand wieder öffnen und entspannen, wenn er wirklich das Gefühl bekommt, dass der Partner seinen Ärger durch eine entsprechende Verhaltensstrategie aufzulösen vermag. Der Ärger-Löser sollte nicht voreilig aufgeben, sondern mit verschiedenen Lösungsstrategien experimentieren. Hat er sein Ziel erreicht, werden die Rollen getauscht.

Besprecht die folgenden Fragen erst, nachdem Ihr die Übung durchgeführt habt!

- *Was habt ihr als Ärgerlicher und als Ärger-Löser genau wahrgenommen?*
- *Welche Strategien blieben wirkungslos oder machten noch ärgerlicher?*
- *Welche Strategie führte warum zum Erfolg?*

Häufig verwenden wir die Möglichkeiten, um den Ärger des anderen zu stillen, auf die wir selbst reagieren, und wundern uns, dass der Partner aber überhaupt nicht auf sie anspricht, vielleicht sogar wütender wird. Wie erlebt Ihr diesen Zusammenhang in Eurem Beziehungsalltag? Wie könnt Ihr künftig auf den Ärger des anderen angemessener reagieren, um ihn aufzulösen?

Fairness-Regel 9: Nutzt Eure Kreativität!

Eine einfache Regel in der Paartherapie lautet: „Wenn etwas nicht funktioniert, probiert es anders!" Gerade bei immer wiederkehrenden Verhaltensmustern ist es ratsam, mutig auszusteigen und neue Verhaltensweisen auszuprobieren. Zum Beispiel könnt Ihr einen „Sprecherball" nutzen. Derjenige, der ihn in der Hand hält, darf reden und der Partner muss solange zuhören, bis er den Ball bekommt. Jetzt gehört ihm das Wort und der andere hört zu. Eine kleine kreative Idee mit großer Wirkung. Ihr hört einander besser zu, ohne Euch ins Wort zu fallen. Wie wäre es, wenn Ihr eine Diskussion führt und Euch dabei bei der Hand haltet? Probiert es einfach aus. Durch die spürbare Verbindung zueinander werdet Ihr Euch achtsamer austauschen. Die verbundenen Hände signalisieren aber auch, dass Ihr zusammengehört, selbst wenn Ihr unterschiedlicher Meinung seid. Mit einer dicken Portion Humor kann selbst eine Wasserpistole wahre Wunder wirken. Sie darf eingesetzt werden, wenn einer der Partner beispielsweise in Verallgemeinerungen verfällt und mit „nie" oder „immer" argumentiert. Ein Wasserspritzer in Richtung des Partners, und dieser wird auf seinen Fehler aufmerksam. Die zu bestrafenden kommunikativen „Fouls" müssen natürlich vorher verabredet werden.

Systematische Problemlösung

Wenn es darum geht, eine wichtige Frage zu beantworten oder ein sachliches Problem zu lösen, hilft die folgende Vorgehensweise nach dem Sechs-Schritte-Programm. Tim und Anja wünschen sich zum Beispiel mehr Zeit zu zweit.

1. Worum geht es genau?

Zunächst muss das Problem genau definiert werden. Welche Unklarheit führt zu Streitigkeiten? Welche Frage ist bisher offen geblieben?

Tim und Anja definieren ihr Problem. „Jeder von uns ist sehr aktiv und geht individuellen Interessen nach. Wir haben dazu noch unterschiedliche Freundeskreise. Die Zeit für gemeinsame Unternehmungen kommt zu kurz. Ungestörte Zeiten zu zweit zu Hause empfinden wir als unbefriedigend. Wenn wir uns nicht mehr Zeit für die Beziehung nehmen, verändert sich unser Miteinander zunehmend in ein Nebeneinander."

2. Welche Lösungsmöglichkeiten fallen Euch ein?

Jede Idee ist willkommen, auch dann, wenn sie im ersten Moment als nicht umsetzbar erscheint:

- weniger Fernsehen
- einen gemeinsamen Freundeskreis aufbauen und pflegen
- einen Abend in der Woche als Paarabend fest verabreden
- das Amt des Schriftführers abgeben
- häufiger gemeinsam kochen
- vier Wochenenden im Jahr für Kurzreisen festlegen
- Telefon und Smartphone zu bestimmten Zeiten ausstellen

3. Listet die Vor- und Nachteile der gesammelten Lösungsideen auf!

Nachteile eines wöchentlichen Paarabends:

- lässt sich nicht auf einen bestimmten Wochentag festlegen
- erfordert inhaltliche Planung
- Wir könnten uns nichts Besonderes zu sagen haben

Vorteile eines wöchentlichen Paarabends:

- Beide nehmen sich die Zeit füreinander
- Paartermine stehen fest im Kalender
- viele Gestaltungsmöglichkeiten
- Mal überlegt sich Tim, das andere Mal Anja ein Unternehmung
- Die Beziehung profitiert nachhaltig

4. Wählt die für Euch beste Lösung aus!

„Wir einigen uns darauf, den Paarabend für ein Vierteljahr auszuprobieren und schränken zusätzlich unseren Fernsehkonsum am
Wochenende ein."

5. Legt die einzelnen zur Umsetzung nötigen Schritte fest!

„Wir legen die wöchentlichen Paartreffen jeweils Anfang des Mo-
nats fest und notieren sie in unseren Kalendern. Wir verabreden,
wer für welchen Abend inhaltlich die Verantwortung trägt."

6. Überprüft in gewissen Abständen, wie gut Eure Umsetzung
gelungen ist, welche Hürden sich gezeigt haben und wie es Euch jeweils mit dem Vorhaben ergangen ist!

„Im Blick auf die Paarabende resümieren wir, wie sie uns gefallen
haben, was gut und was weniger gut gelaufen ist, bevor wir den
nächsten Monat angehen."

Bedürfnisse: Wünschen darf man sich alles!

Bedürfnisse spielen in jeder Partnerschaft eine zentrale Rolle. Viele unterschiedliche Erwartungen und Wünsche werden an den Partner und die Liebesbeziehung geknüpft. Jeder ist auf eine gewisse Art bedürftig und erhofft sich, dass der andere ihm entgegenkommt und die eigenen Bedürfnisse befriedigend stillt. Wenn jeder vom anderen bekommt, was er sich erhofft, wird die Beziehung als äußerst befriedigend erlebt. Eine hundertprozentige Erfüllung aller Wünsche gibt es allerdings in keiner Liebesbeziehung. Bleiben Bedürfnisse aber auf Dauer ungestillt, produzieren sie zunehmenden Frust und Unzufriedenheit.

Ich lade Euch ein, Euren jeweiligen Grundbedürfnissen auf die Spur zu kommen, sie klar zu erkennen und zu benennen. Findet zunächst einmal heraus, wie vertraut Ihr mit den eigenen Erwartungen und denen des Partners seid. Die folgende Aufgabe soll Euch dabei helfen. Im Mittelpunkt stehen dabei die sogenannten Grundbedürfnisse an den Partner und die Partnerschaft. Grundbedürfnisse beinhalten Wünsche, Hoffnungen und Erwartungen, die für jeden besonders bedeutsam sind. Was brauche ich, um mich dauerhaft wohl und wertgeschätzt zu fühlen? Worauf kann ich auf lange Sicht auf keinen Fall verzichten?

Jeder filtert für sich aus der nachfolgenden Bedürfnisliste die fünf Punkte heraus, die besondere Priorität genießen. Vermutlich kannst Du Dich mit allen Wünschen identifizieren. Versuche, Dich auf die wichtigsten zu konzentrieren:

- partnerschaftliche Kommunikation
- gemeinsame Freizeitgestaltung
- finanzielle Sicherheit
- Lob und Anerkennung

- ungeteilte Aufmerksamkeit
- tatkräftige Unterstützung
- persönlich beschenkt zu werden
- Zärtlichkeit
- gemeinsame Wertvorstellungen
- Romantik
- intensiver Gedankenaustausch
- Abenteuer eingehen
- Nähe und Vertrautheit
- Gefühl, begehrt zu werden
- gegenseitiger Respekt
- Freiräume gestatten
- erfüllte Sexualität
- Ehrlichkeit und Offenheit
- Attraktivität des Partners
- weitere Bedürfnisse: _____

Nachdem Du Deine eigenen Bedürfnisse ausgewählt hast, darfst Du die Grundbedürfnisse des anderen erraten. Was vermutest Du im Hinblick auf die Bedürfnisliste Deines Partners? Wähle fünf aus.

weibliche Bedürfnisse	männliche Bedürfnisse
1.	1.
2.	2.
3.	3.
4.	4.
5.	5.

Jetzt geht es in einem nächsten Schritt darum, den jeweiligen Grad der Befriedigung eines Bedürfnisses einzuschätzen. Dazu dient eine Skala von Null bis Zehn. Je stärker ein Bedürfnis gestillt wird, umso höher der Wert auf der Skala. 0 bedeutet „völlig ungestillt", 5 „zur Hälfte abgedeckt", 10 „voll und ganz gestillt". Bitte ordnet den einzelnen Bedürfnissen einen Wert zu, der sich auf die aktuelle Situation Eurer Partnerschaft bezieht. Und wieder könnt

Ihr auch Vermutungen anstellen, inwieweit Euer Partner seine Bedürfnisse als gestillt ansieht.

| 0 | 1 | 2 | 3 | 4 | 5 | 6 | 7 | 8 | 9 | 10 |

Fragen zum Nachdenken und Austauschen:

- Was fällt Euch besonders auf?
- Wer fühlt sich etwas zufriedener als der andere?
- Welche Stärken und Schwächen werden sichtbar?
- Gab es Zeiten in der Beziehung, in denen Ihr einzelnen Bedürfnissen einen höheren Wert zugeordnet hättet und warum?
- Gab es Zeiten in der Beziehung, in denen ein Wert deutlich niedriger ausgefallen wäre und warum?

Kleine Schritte wagen:

Jeder von Euch greift ein Grundbedürfnis heraus und schildert, was passieren müsste, damit es auf der Skala einen Punkt weiter nach oben klettern würde. Auf diesem Weg erarbeitet Ihr kleine Veränderungsschritte zu mehr Zufriedenheit in einzelnen Beziehungsbereichen.

Spannungsfeld: Selbstfürsorge und Partnerfürsorge

Jeder ist zunächst einmal selbst dafür verantwortlich, für sich und die eigenen Bedürfnisse zu sorgen. Dafür braucht es eine gute Selbstwahrnehmung. Was brauche ich, um mich zufrieden zu fühlen? Was macht mich innerlich ausgeglichen? Wie muss ich mich um mich selbst kümmern, damit es mir gut geht? Wer diese Fragen konkret beantworten kann, verfügt über ein gutes Maß an Selbstfürsorge. Konkret äußert sich Selbstfürsorge beispielsweise darin, Freundschaften zu pflegen, sportlich aktiv zu sein oder für ausreichend Schlaf zu sorgen. Wer es nicht gelernt hat, eigene Bedürfnisse ernst zu nehmen und sie auch zu stillen, wird erleben, dass andere es auch nicht für ihn übernehmen. Möglicherweise

fällt es nicht einmal dem eigenen Partner auf, wenn ich meine Wünsche sträflich vernachlässige. Es liegt an mir, fürsorglich für mich zu sorgen. Wenn ich genau weiß, was ich brauche und was nicht, macht mich das unabhängiger von anderen Menschen, auch von meinem Partner. Ich bin mir meiner selbst bewusst, grenze mich ab und gehe freundschaftlich mit mir um.

Selbstliebe ist eine Grundvoraussetzung, um andere Menschen lieben zu können. Wer gelernt hat, gut und freundschaftlich mit der eigenen Person umzugehen, wird auch anderen Menschen liebevoll begegnen. In einer Liebesbeziehung müssen beide auf eine gute Art und Weise für sich selber sorgen. Wie kann das konkret gelingen? Ich weise Klienten, die ihre eigenen Bedürfnisse und ihr Selbstwertgefühl vernachlässigt haben, auf vier Perspektiven hin, die ihre eigene Wahrnehmung schärfen und ihr Selbstvertrauen nachhaltig stärken können.

1. Ich stärke meine Selbstannahme

Wirke Deinen Selbstzweifeln entgegen, indem Du Dir vor Augen hältst, dass Du in den verschiedenen Lebensbereichen Dein Bestes gibst. Ob als Mutter oder Vater, im Job oder in ehrenamtlichen Aufgaben, Du machst Deine Sache, so gut es geht. Selbstakzeptanz wächst, indem Du erkennst, dass Du gut genug bist, in dem, was Du leistest. Die eigenen Stärken wertzuschätzen, aber auch vorhandene Defizite zu akzeptieren, das macht ein gesundes Selbstwertgefühl aus. Belohne Dich beispielsweise mit kleinen Geschenken, wenn Dir etwas richtig gut gelungen ist. Als Liebespartner gewinnst Du an innerer Stärke, wenn Du auf Dich selbst achtest und mit Deinem Charakter, Deinen Fähigkeiten und Grenzen im Großen und Ganzen einverstanden bist.

2. Ich spreche mir Mut zu

Führe Dir vor Augen, was Du alles in Deinem Leben geschafft hast und welche Hürden Du meistern konntest. Lerne auf Deine inneren Stärken zu vertrauen. Du wirst auch die Herausforderungen im

Blick auf Deine Partnerschaft bewältigen. Wenn Du beispielsweise Deine Kommunikation verbessern, weniger Vorwürfe und mehr Lob aussprechen willst, dann glaube daran, dass Du es schaffen wirst. Du kannst Eure Beziehung positiv verändern, indem Du bei Dir selbst mit mutigen Schritten beginnst.

3. Meine Wünsche sind gerechtfertigt

Wenn Du auf Deine innere Stimme hörst, auf Deine Wünsche und Hoffnungen achtest, entdeckst Du, was für Dich im Moment in der Liebesbeziehung zu kurz kommt. Was sagt Dir Dein Gefühl?

Christina leidet schon eine Weile darunter, dass ihr Mann ihr zu wenig Zuneigung entgegenbringt. Sie erwartet keine leidenschaftlichen Liebesschwüre. Sie braucht lediglich kleine zärtliche Gesten, durch die ihr Mann das Gefühl vermittelt „Ich habe dich lieb. Du bist mir wichtig!". Ein kleiner Liebesbrief, eine feste Umarmung oder zärtliche Streicheleinheiten würden genügen, um Christinas Liebestank aufzufüllen. Als sie ihrem Mann davon erzählt, reagiert dieser mit Unverständnis und ärgerlichem Unterton: „Du weißt doch, dass ich dich mag. Es ist doch völlig normal, wenn mit der Zeit die großen Gesten ein bisschen seltener werden."

Christina stellt sich auf einmal selbst infrage. Sind ihre Erwartungen zu hoch? Ist ihr Frust ungerechtfertigt? Verlangt sie vielleicht doch zu viel von ihrem Mann? Die klare Antwort lautet: „Nein!" Christina darf ihren Gefühlen trauen. Ihre Sehnsucht nach liebevoller Zuwendung ist absolut okay, unabhängig davon, ob ihr Mann sie darin ernst nimmt oder nicht. Sie muss weiter zu ihren Bedürfnissen stehen und sie sehr deutlich und klar in der Beziehung ansprechen.

4. Ich beziehe Position und verteidige meine Grenzen

Wenn ich nicht für meine Überzeugungen und meine Grenzen eintrete, wird es niemand anders tun. Angenommen, Dein Partner flirtet heftig während einer Feier mit jemand anderem.

Du empfindest sein Verhalten als kränkend und völlig unpassend. Gegen ein bisschen Flirten hättest Du nichts einzuwenden, aber dieses Verhalten geht für Dich eindeutig zu weit. Hier ist es Dein gutes Recht, den Partner zur Rede zu stellen und ihm zu sagen, was du empfindest. „Ich habe vorhin mitbekommen, wie Du mit Clara umgegangen bist. Es sah für mich so aus, als würdet ihr heftig flirten. Ich fühle mich damit überhaupt nicht wohl. Für mich überschreitest Du eine Grenze, denn wir beide gehören zusammen. Diese Art des Umgangs mit einer anderen geht für mich nicht. Wie hast Du das empfunden? Kannst Du mich verstehen und akzeptieren, dass ich mir mehr Zurückhaltung von Dir wünsche?"

Grenzüberschreitungen jeglicher Art darfst Du nicht passiv hinnehmen. Verdrängen oder Herunterschlucken tut Dir nicht gut und vergiftet auf Dauer das Vertrauen in der Beziehung. Tritt mutig für Dich ein! Zeige Deinem Partner sehr deutlich, wo Deine Grenzen liegen und an welcher Stelle er sie möglichweise überschritten hat.

Diese vier Selbstbestärkungen machen deutlich, was ein gesundes Selbstwertgefühl ausmacht. Wer für sich selbst zum besten Freund wird, tritt für sich ein, ermutigt, verteidigt, sorgt sich, zeigt Geduld, fragt, wie es gerade geht, verhält sich eben genauso gegenüber sich selbst, wie es ein bester Freund auch tun würde.

Gleichzeitig sind mir aber auch meine Liebesbeziehung und mein Partner wichtig. Auch ihm soll es gut gehen. Deshalb investiere ich auch in seine Wünsche und Bedürfnisse. Ich will sie wahrnehmen, ernst nehmen und, soweit mir das möglich ist, sie auch stillen. Im Idealfall halten sich Selbstfürsorge und Partnerfürsorge die Waage. Beide Bereiche sind dann im Gleichgewicht.

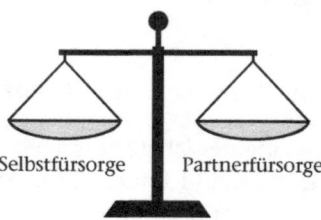

Selbstfürsorge   Partnerfürsorge

Selbstfürsorge und Partnerfürsorge können natürlich auch kollidieren. Wie gehe ich damit um, wenn meine Wünsche denen meines Partners entgegenstehen? Bin ich dann bereit, Abstriche zu machen und zugunsten des anderen auf etwas zu verzichten, was mir aber sehr guttäte?

Ein Beispiel: Jutta ist begeisterte Langläuferin und bezieht aus ihrem Hobby sehr viel Energie und Lebensqualität. Klaus ist eher der unsportliche Typ, aber er unterstützt Jutta, weil er merkt, wie gut ihr der Sport tut. Im Mai findet ein Halbmarathon statt, an dem Jutta furchtbar gerne teilnehmen will. Ausgerechnet in diese Zeit fällt eine Firmen-Bonusreise. Klaus möchte Jutta unbedingt mitnehmen. Ohne Jutta würde ihm die Reise nur halb so viel Freude machen. Außerdem glaubt er, dass sie auch der Beziehung frischen Wind verleihen würde. Jutta und Klaus stecken in einem Bedürfnis-Konflikt. Halbmarathon und Bonusreise lassen sich nicht vereinbaren. Einer von beiden muss eigene Wünsche zugunsten des anderen zurückstellen. Wenn Jutta ihr Laufevent absagt und Klaus begleitet, opfert sie eine Portion Selbstfürsorge zugunsten der Partnerfürsorge. Fährt Klaus dagegen alleine weg, stellt er seine Wünsche Jutta zuliebe zurück. In jeder Partnerschaft ergeben sich Situationen, wo einmal die Frau nachgibt, ein anderes Mal der Mann zurücksteckt. Wenn Jutta und Klaus zu gleichen Teilen bereit sind, dem anderen zuliebe eigene Wünsche zurückzustecken, werden sie ein Gefühl partnerschaftlicher Fairness bewahren.

In bestimmten Partnerschaftskonstellationen gerät die Bedürfnis-Waage aus dem Gleichgewicht. Stellt ein Partner seine Wünsche, Erwartungen und Bedürfnisse um des anderen willen zurück, geraten die Waagschalen in Schieflage.

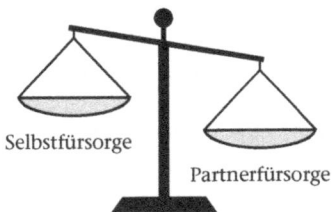

Selbstfürsorge

Partnerfürsorge

Wer sich wie ein Satellit unaufhörlich um die Wünsche des Partners dreht, lebt in der unausgesprochenen Hoffnung, im Gegenzug besondere Zuwendung und Aufmerksamkeit zu bekommen. Die unbewusste Rechnung geht aber niemals auf. Der übermäßig fürsorgliche Partner bleibt mit seinen Wünschen gänzlich auf der Strecke.

Das andere Extrem tritt auf, wenn ein Partner großen Wert auf eigene Bedürfnisse und Wünsche legt, besonders gut für sich selber sorgt, aber den anderen mit seinen Erwartungen völlig aus dem Blick verliert. Dann schlägt die Waage ins Gegenteil um.

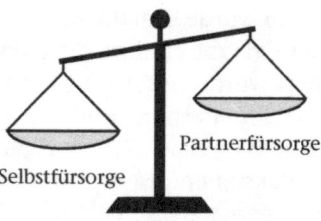

Selbstfürsorge   Partnerfürsorge

Der sehr selbstbezogene Typ zeigt ein narzisstisches Verhalten und vernachlässigt aus Selbstverliebtheit die partnerschaftliche Liebe.

Fragen zum Gespräch:

- Welchen Raum nimmt die Selbstfürsorge für jeden von Euch ein?
- Wie schätzt Ihr das Verhältnis von Selbstfürsorge und Partnerfürsorge in Eurer Beziehung ein?
- An welchen Punkten kollidieren die beiden Interessen miteinander?
- Wie habt Ihr solche Interessenkonflikte in der Vergangenheit gelöst?
- Welche Veränderungsschritte sind notwendig, um eine gute Balance zwischen Selbstfürsorge und Partnerfürsorge zu erreichen und zu bewahren?

 **Erotik und Sexualität**

Jede Partnerschaft und Ehe gleicht einem Tempel, der von vier Säulen getragen wird. Die erste Säule ist die Liebe. Liebe meint aber weniger die großen romantischen Gefühle, sondern vor allem den festen Willen zur Liebe. „Ich nehme dich so an, wie du bist; nicht, wie ich dich gerne hätte. Ich sage ja zu dir. Ich will mit dir verbindlich und dauerhaft zusammenleben!" Treue beschreibt die zweite Säule. Die Partner stehen treu für ihre Beziehung ein und verpflichten sich dazu, nicht aus der Liebesbeziehung auszubrechen. Niemand anderes darf umgekehrt in die Partnerschaft einbrechen. Klare Grenzen der Treue müssen bewahrt und bewacht bleiben. Als dritte Säule fungiert die Produktivität in der Liebesbeziehung. Mann und Frau bauen an ihrem Partnerschaftsprojekt. Kreativ gestalten sie ihr Leben zu zweit oder als Familie. Sie werden produktiv, indem sie beispielsweise ihre Wohnung einrichten, ein Haus bauen, Freundschaften schließen und pflegen oder Kinder ins Leben rufen. Ihr Leben ist in weiten Teilen nach außen gerichtet. Liebende bauen in vielen verschiedenen Bereichen etwas für sich auf.

Die vierte Säule umfasst Erotik und Sexualität. Das sinnliche Liebesleben ist elementarer Bestandteil jeder Partnerschaft und Ehe. Die Partner haben sich auf erotisch-körperlicher Ebene viel zu sagen. Im Bild vom Tempel mit seinen Säulen wird anschaulich, dass jede Säule die Beziehung auf ihre eigene Art und Weise trägt. Sie verleihen der Liebe auf Dauer Stabilität. Wird eine der vier Säulen brüchig und instabil, gerät die Beziehung insgesamt in Gefahr, auch wenn sie nicht gleich in sich zusammenfällt. Erotik und Sexualität bilden eine tragende Säule, aber nicht die alles Entscheidende. Ohne eine erotisch-sinnliche Dimension in der Partnerschaft geht den Liebenden aber ein bedeutsamer

Stabilitätsfaktor verloren. Sex gehört wesensmäßig zur Paarbeziehung dazu, wie immer er auch individuell von Mann und Frau ausgestaltet und erlebt wird.

Die drei Dimensionen partnerschaftlicher Sexualität

1. Sex, um Kinder zu zeugen

Dass es uns gibt, ist die Folge einer leidenschaftlichen Liebe zwischen unseren Eltern. Insbesondere in der Kirchengeschichte wurde Sexualität auf die Zeugungsabsicht reduziert. Lusterleben ohne den Willen, Kinder zu zeugen, galt als Fehlverhalten und Sünde. Diese sexualfeindliche Einstellung kommt heute kaum noch vor. Sex zwischen Liebenden kann viel mehr. Er lässt uns sexuelle Lust empfinden und schafft eine tiefe Befriedigung. Sex ist Quelle sinnlicher Freuden und überschäumender Gefühle. Miteinander zu schlafen, ohne ein Kind zu zeugen, verschwendet sicherlich keine Lebensenergie. Das Hohelied Salomos aus dem Alten Testament preist in poetischer Sprache die Freuden der körperlichen Liebe. Mann und Frau bekennen sich darin zu ihrer Leidenschaft, ohne dass eine Zeugungsabsicht im Hintergrund steht. Kinder sind ein Geschenk Gottes und Sexualität ist eine wunderbare Gabe unseres Schöpfers an Mann und Frau.

2. Sex als Lustbefriedigung

Wir leben heute in einer Art sexuellem Erlebnispark. Alles ist möglich, jede sexuelle Spielart erlaubt. Fast alle Tabus sind heute aufgehoben. Wo aber grenzenlose Lust propagiert wird, folgt grenzenloser Frust auf dem Fuß. Es ist richtig und gut, dass heute sehr offen über Sexualität gesprochen wird und jedem ein selbstbestimmtes Sexualleben zugestanden wird. Aber Erotikmagazine im Fernsehen und pornografische Angebote im Internet banalisieren und kommerzialisieren Sexualität. Dadurch gerät die sinnliche Liebe in Gefahr, ihren Zauber zu verlieren. Guter Sex besitzt für manche Menschen in etwa den gleichen Stellenwert wie jedes andere Fun- und

Freizeitvergnügen. Man schläft zusammen und hat seinen Spaß, wie man auch zusammen Billard spielt oder ein Konzert besucht. Sex als eine Erlebnisvariante unter vielen anderen. Diese Light-Version von Liebe hinterlässt aber einen schalen Beigeschmack. Flüchtige erotische Abenteuer wirken für den Augenblick lustvoll befriedigend, lassen aber auf Dauer eine große innere Leere zurück. Es gibt befriedigenden Sex für eine Nacht, aber die tiefe Sehnsucht nach beglückender, dauerhafter intimer Nähe bleibt völlig ungestillt. Mehr noch: Tausend kleine Liebschaften und Bettgeschichten immunisieren den Menschen gegen das, was wir die große Liebe nennen.

Die große Herausforderung sehe ich darin, sexuelle Energie und den Wunsch nach lustvoller Befriedigung in verbindliche, von Treue getragene Partnerschaften und Ehen zu integrieren. Eine zwischen Mann und Frau gewachsene Intimität als Paar bildet den bestmöglichen Rahmen, eine erfüllende und befriedigende Sexualität auszukosten.

3. Sex als Beziehungselixier

In der sexuellen Begegnung mit unserem Partner können wir eine Form von intimer Verbundenheit miteinander erleben wie an keiner anderen Stelle unseres Lebens. Erotische Liebe schweißt zusammen. Wir machen uns verletzlich: Zwar sind wir schutzlos nackt, dennoch sind wir geborgen und angenommen in einer innigen Umarmung. Wir können in Verantwortung füreinander Lust auskosten und verschenken. Das setzt allerdings eine gleichwertige und gleichberechtigte Partnerschaft voraus. Keiner darf den anderen für seine Befriedigung ausnutzen oder missbrauchen.

Lust und Frust im Liebesleben

Stabile und lebendige Partnerschaften zeichnen sich unter anderem durch ein aktives Liebesleben aus. Natürlich beinhaltet Sexualität mehr als den gelegentlichen Kurztrip ins Schlafzimmer.

Sich in der Beziehung mit Leib und Seele zu Hause fühlen bedeutet, ohne falsche Scham oder Hemmungen sinnlichen und leidenschaftlichen Sex miteinander zu erleben. Dabei bietet der erotische Speiseplan viele Varianten, die Dich und Deinen Partner beglücken, lustvoll befriedigen und tief zusammenschweißen können. Erfüllter Sex hat einen hohen Fun-Faktor, vor allem aber auch eine partnerschaftlich stabilisierende Wirkung.

Partnerschaftliche Sexualität kann sehr ambivalent erlebt werden. Sie ist Quelle für Lust und Frust zugleich. Sie schweißt zusammen und sie kann sehr zerstörerisch wirken. Sie kann heilen und sie kann tiefe Verletzungen verursachen. Im Blick auf die Beziehung gleicht das Sexualleben einem empfindsamen Seismographen, der anzeigt, wie es um die Partnerschaft bestellt ist. Beziehungsprobleme wirken sich sehr schnell auf den Bereich partnerschaftlicher Sexualität aus. Wenn es in der Kommunikation gut läuft, das alltägliche Zusammenleben harmonisch gelingt und genügend Zeit zu zweit bleibt, werden sich die Partner in erotischer Hinsicht wohlfühlen und sich viel zu sagen und zu geben haben. Machen sich dagegen Beziehungsprobleme breit, nehmen Streitigkeiten zu und mangelt es an genügend Freiraum für die Zweierbeziehung, wirkt sich das in der Regel negativ auf das Liebesleben aus. Umgekehrt können auch ernsthafte sexuelle Schwierigkeiten die Beziehung insgesamt belasten und eintrüben.

Es gibt einen weitverbreiteten Mythos, der besagt: „Je länger eine Partnerschaft und Ehe dauert, umso langweiliger und lustloser entwickelt sich das Liebesleben!" Langzeitbeziehung als Lustbremse? Viele Witze werden darüber gemacht. Ich glaube, genau das Gegenteil ist möglich. Wenn die Liebe an Jahren gewinnt, müssen Spaß und Lust am Sex nicht automatisch einschlafen. Lustverlust ist kein Zwangsprozess. Das Liebesleben kann sich gerade dann entfalten und vertiefen, wenn gegenseitiges Vertrauen, Offenheit und Intimität über die Jahre heranreifen. Alles, was Ihr beispielsweise positiv in die Beziehung investiert, trägt auch auf Dauer für Euer Intimleben wertvolle Zinsen.

Die Frage, wie Liebe und Sexualität sich zueinander verhalten, bleibt für jedes Paar spannend. In jedem von uns wohnen zwei sehr unterschiedliche Sehnsüchte und Bedürfnisse. Die eine Sehnsucht spiegelt den Wunsch wider, sich sicher, angenommen und geborgen zu fühlen. Diesem Streben nach Zugehörigkeit steht der Wunsch nach Abwechslung und Abenteuer entgegen. Wir wünschen uns neben Sicherheit auch starke leidenschaftliche, aufschäumende Gefühle, das berühmte Kribbeln im Bauch, die Lust, die uns neue Erfahrungen verheißen. Als Frischverliebte erleben wir rauschhafte Schmetterlingsgefühle. Alles ist neu und ungeheuer spannend. Wenn aus Verliebtheit langsam Liebe wird, fühlen wir uns in der Beziehung sicher und miteinander vertraut. Wir wissen, wo wir hingehören, und haben uns über die Jahre als Paar eingespielt. Es scheint keine Überraschungen und Abenteuer mehr im Liebesleben zu geben. Die Liebe ist immer noch da, aber die unbändige Lust ist mit den Jahren abgekühlt.

An diesem Punkt werden für viele Partner Defizite spürbar. Sie sehnen sich nach neuen starken erotischen Gefühlen, sinnlichen Überraschungen und den Schmetterlingsgefühlen früherer Tage zurück. Sie spüren, dass ihnen etwas fehlt. Diese Erkenntnis kann zu einer großen Chance für die Beziehung werden, wenn beide offen über ihr Sexualleben sprechen und motiviert sind, ihrem Liebesleben neuen Schwung zu verleihen. Wenn das nicht geschieht, besteht die Gefahr, aus der Beziehung auszubrechen und sich den abenteuerlichen Kick in außerpartnerschaftlichen Affären zu suchen. Nicht wenige erliegen dem Reiz des Neuen und setzen ihre Beziehung aufs Spiel. Die große Herausforderung für Langzeitpaare besteht darin, die Liebesbeziehung und das Sexualleben wechselseitig lebendig zu halten.

Letztlich gibt es kein Sexualleben ohne Liebe und keine Liebe ohne Sexualleben. Liebe und Sexualität können auf Dauer in die Beziehung integriert werden. Wie das gelingen kann, dazu können die in diesem Kapitel beschriebenen Impulse und Aufgaben beitragen.

Praxis-Übung:
Wie zufrieden sind wir mit unserem Sexualleben?

Wie würde jeder von Euch seine Zufriedenheit im Sexualleben einschätzen? Bei welchem Wert ordnet Ihr Euch jeweils auf der Zufriedenheitsskala ein? 0 bedeutet „findet nicht statt, absolut unzufrieden," 5 bedeutet „mäßig zufrieden", 10 bedeutet „vollkommen zufrieden, keine Wünsche offen":

| 0 | 1 | 2 | 3 | 4 | 5 | 6 | 7 | 8 | 9 | 10 |

Jeder von Euch überlegt zunächst den Wert, wo Ihr Euch selbst seht, anschließend überlegt Ihr, wo hoch Ihr die Zufriedenheit des Partners vermutet.

Wer von Euch schätzt sich zufriedener, wer unzufriedener ein?

Jetzt notiert jeder, was aus eigener Sicht gut läuft, was gefällt und den gewählten Grad der eigenen sexuellen Zufriedenheit ausmacht.

Ich als Partnerin habe eine _____ gewählt, weil ich folgende Punkte in unserer Sexualität schätze:

Ich als Partner habe eine _____ gewählt, weil ich folgende Punkte in unserer Sexualität schätze:

Stellt Euch jetzt bitte vor, Ihr würdet jeweils eine 10 wählen. Wie würde dann Eure gelebte Sexualität aussehen? Was würde Eure volle Zufriedenheit ausmachen?

Als Partnerin würde ich eine 10 vergeben, wenn:

Als Partner würde ich eine 10 vergeben, wenn:

Fragen zum partnerschaftlichen Gespräch:

- *Wie würde ich mich bei dem Wert „10" verhalten?*
- *Wie würde sich mein Partner bei dem Wert „10" verhalten?*
- *Was wäre alles anders als in der aktuellen Situation?*
- *Wie würden wir unser Liebesleben bei „10" gemeinsam gestalten?*

Möglicherweise ist die Differenz zwischen aktueller Zufriedenheit und einem Idealzustand relativ groß. Vielleicht scheint eine 10 auf der Zufriedenheitsskala in weiter Ferne zu liegen. Deshalb ist es besonders wichtig, über kleine erste Schritte in Richtung einer 10 nachzudenken. Erörtert folgende Fragestellung:

- *Was müsste konkret passieren, dass sich jeder von Euch einen Punktwert zufriedener fühlen würde?*
- *Woran würdet Ihr erkennen, dass der Partner einen Schritt in Richtung 10 gegangen ist?*
- *Wie könntest Du dazu beitragen, dass Dein Partner einen Punktwert weiterkommt?*
- *Welcher Punktwert sollte für jeden von Euch erreicht sein, damit Ihr auf Dauer eine im Großen und Ganzen zufriedenstellende Sexualität erlebt?*

Die sechs Spielarten partnerschaftlicher Sexualität

Es gibt verschiedene Formen und Ausdrucksweisen im erotischen Erleben, welche die unterschiedlichen sexuellen Bedürfnisse und Vorlieben abdecken. Unter den nachfolgenden sechs Spielarten lassen sich alle sexuellen Aktivitäten einordnen.

1. Romantischer Sex

Lust und Leidenschaft gedeihen besonders gut in einer romantischen Atmosphäre. Sie weckt erotischen Appetit. Um romantischen Gefühlen Raum zu geben, brauchen die Partner Zeit: zwei Stunden vom Alltag blaumachen und sich in einem ungestörten Rahmen fallen lassen können. Ihr könnt verschiedene Möglichkeiten nutzen, um in eine romantische Atmosphäre einzutauchen: verträumte Musik, Kerzenlicht, ein Dinner d'Amour, inniger Gedankenaustausch, spielerisches Streicheln, Massieren, Necken, Küssen, eben alles, was eine zärtlich-intime Nähe hervorruft.

Als besonders wohltuend und sinnlich könnt Ihr eine Partnermassage erleben. Sie kann sich auf eine Körperregion beschränken, wie zum Beispiel die Nackenpartie oder den Rücken, sich aber auch über den ganzen Körper erstrecken. Massageöl hilft, die Berührungen zu intensivieren, und da dies mit einem schönen Duft verbunden ist, entsteht eine Atmosphäre, in der sich wunderbar entspannen lässt. Dabei ist es nicht das vorrangige Ziel, den Partner möglichst schnell zu erregen und selbst erregt zu werden, sondern unter den liebevollen Händen des anderen auszuspannen. Schöne Berührungen stellen Körper und Seele auf Empfang. Einige Paare erleben eine Art Konkurrenzsituation, wenn es um die Frage geht: Wer ist heute der Masseur und wer wird massiert? Bekomme ich auch genauso viel an Zärtlichkeit zurück, wie ich gebe?

Hier hilft ein offenes Gespräch mit dem Ziel, zärtliches Geben und Nehmen so auszuloten, dass keiner zu kurz kommt. Tauscht Euch immer wieder einmal darüber aus, wie Ihr eine romantische Insel im Alltag schaffen könnt, die es Euch leicht macht, die erotischen Liebesgeister zu wecken.

Was gefällt Euch jeweils besonders gut und dient der Entspannung? Welche Störfaktoren können bei einem romantischen Date auftreten und wie könnt Ihr ihnen am besten vorbeugen?

2. Abenteuer-Sex

Eine erotische Odyssee abseits der altvertrauten Pfade bringt frischen Wind ins Liebesleben. Wenn Mann und Frau immer schon vorher wissen, was wann auf welche Art passiert, kehrt Monotonie im Schlafzimmer ein. Schon kleine Veränderungen lassen Abenteuerfreude aufkommen und steigern den Reiz: verführerische Dessous, eine neue Liebesposition ausprobieren und sich an einem ungewöhnlichen Ort lieben. Es sind die kleinen prickelnden Liebesabenteuer, das Neue und Spannende, das Euch als Liebespaar zusammenschweißt. Abenteuer-Sex lebt von Eurer Experimentierfreude. In der körperlichen Liebe ist alles erlaubt, was Euch beiden gefällt und niemanden verletzt.

An welche kleinen erotischen Abenteuer könnt Ihr Euch erinnern? Was hat Euch daran besonders gefallen? Was würdet Ihr gerne wiederholen oder ganz neu ausprobieren?

Abenteuer-Sex mit Folgen ...

„Die Rettungssanitäter staunten: Der Verletzte, den sie in die Klinik bringen sollten, sah so aus wie Kinoheld „Batman". Fast! Der junge Mann trug ein Batman-Kostüm, das Oberkörper und Arme umschloss, doch am Nabel war Schluss. Weiter abwärts trug Batman nichts als blanke Haut. Noch am Unfallort diagnostizierte der Unfallarzt Knochenbrüche an beiden Händen, am linken Arm und einen Kieferbruch. Doch der verletzte Batman, der dann wenige Minuten später mit Blaulicht in die Klinik gefahren wurde, war nicht etwa in die Hände von Ganoven geraten und verprügelt worden. Die Retter konnten sich nur mit Mühe ein Grinsen verkneifen, als sie erfuhren, wie ihr Patient zu seinen Blessuren gekommen war. Batman war abgestürzt – beim Liebesspiel. Helene K. (31), Angetraute des Angestellten Willi K. (35), erzählte nur zögernd und sichtlich verschämt, was passiert war:

„Ich lag im Bett, mein Mann wollte vom Kleiderschrank zu mir herunterschweben – im Batman-Kostüm. Doch als Willi auf den Schrank geklettert war, verlor er den Halt und stürzte herunter." Dabei verletzte *sich der „Batman" schwer, konnte sich kaum bewegen und wimmerte vor*

Schmerzen. Sein Pech: Ehefrau Helene konnte ihm auch nicht helfen. Sie war zuvor auf dem Bett festgebunden worden. Erst nach über einer Stunde hörten die Nachbarn die Hilfeschreie und alarmierten den Notarzt.[1]

3. „Quicky"

Diese Spielart partnerschaftlicher Sexualität bietet eine gute Möglichkeit, wenn Ihr beide nicht zur gleichen Zeit Lust auf sexuelle Aktivitäten verspürt. Es ist völlig normal, dass die erotischen Interessen nicht immer deckungsgleich sind. Einmal hat er Lust und sie eher weniger. Ein anderes Mal ist es genau umgekehrt. In vielen Beziehungen gibt es ein gewisses Ungleichgewicht im sexuellen Interesse, d. h., der eine wünscht sich häufiger Sex, während der andere mit weniger Sex zufrieden ist. Beim Quicky geht es darum, aus Liebe Lust an den Partner zu verschenken. Gemeint sind sexuelle Liebkosungen „auf die Schnelle", mit dem Ziel, den Partner sexuell zu befriedigen. Wenn ein Partner im Moment sexuell weniger interessiert ist als der andere, geht er trotzdem großzügig auf dessen erotisches Bedürfnis ein. Die Grundvoraussetzung dafür ist eine Haltung, die ausdrückt: „Auch wenn ich im Moment keine große Lust auf Sex verspüre, schenke ich dir einen Höhepunkt zwischendurch." Wer auf die Lust des anderen eingeht, ohne selbst nehmen zu müssen, zeigt eine weitherzige Einstellung. „Ich gönne und schenke dir sexuelle Befriedigung!" Es ist aber auch gut möglich, dass bei einem Quicky plötzlich die Lust auf beiden Seiten erwacht.

4. Alltags-Sex

Immer das gleiche Timing. Jeder weiß schon vorher, was gleich passieren wird. Besonders die Paare, die schon sehr lange zusammenleben, genießen diese Spielart. Über die Jahre haben sie herausgefunden, was ihnen im Bett besonders gut gefällt. Neben allen Abwechslungen gibt ihnen das wohlvertraute, innige Liebesspiel

---

[1] Rolf Wilhelm Brednich: „Die Spinne in der Yucca-Palme", München 1990

die Gelegenheit, sich ohne angespannte Gedanken fallen zu lassen. Sie müssen nicht lange überlegen „Mache ich es auch richtig? Wird es meinem Schatz gefallen?". Vertraute Paare wissen, was sie besonders schätzen und ihnen wirklich Lust und Spaß bringt. Sex als vertrautes Ritual im Wochenablauf, jeden Freitagabend um 22.30 Uhr. Alltags-Sex wirkt entlastend. Keine wilden Experimente oder wie es ein Paar formuliert hat: „Wir müssen nicht die 283 Stellungen des Kamasutra aufs Parkett legen und ausgeklügelte Liebesspiele inszenieren, um zusammen zu schlafen." Der Schwerpunkt liegt bei dieser Spielart in der wechselseitigen Vertrautheit und Intimität. Wenn sich das Liebesleben aber ausschließlich auf Alltags-Sex beschränkt, kann es auf Dauer schal und eintönig werden.

5. Fantasie-Sex

Liebende müssen sich nicht zwangsläufig im gleichen Zimmer aufhalten, um leidenschaftlich und lustvoll zu kommunizieren. Unser Gehirn mit seinen Fantasien ist immer noch das wichtigste Sexualorgan. In früheren Jahren tauschten sich Liebende über ihre sehnsuchtsvollen Begierden per Brief aus. Gerade wenn sie räumlich getrennt waren, erwärmten Liebesbriefe ihre Seele und Haut. Im Zeitalter von Internet, Facebook und Twitter ist diese Art erotischer Liebeskorrespondenz weitgehend auf der Strecke geblieben. Eine erotische E-Mail besitzt nicht den Charme eines handschriftlichen Liebesbriefes. Wenn es leichter fällt, über erotische Sehnsüchte und Bedürfnisse zu schreiben als zu reden, macht „Briefverkehr" Lust auf mehr! Alles, was die erotische Fantasie beflügelt, bringt Spaß und den erotischen Kitzel in die Beziehung zurück. Auch ein zärtliches Liebesgeflüster am Telefon kann die erotische Spannung wecken.

6. Selbstbefriedigung

Selbstbefriedigung und partnerschaftliche Sexualität müssen sich nicht ausschließen. „Solo-Sex" darf einen Platz im Liebesleben einnehmen. Woody Allen nannte Selbstbefriedigung „Sex mit dem

Menschen, den ich liebe". In Paarberatungen erlebe ich manchmal, wie diese Aussage auf Unverständnis oder Widerstand stößt. „Wer sich wirklich liebt und in einer Beziehung ist, hat das doch nicht mehr nötig!" Auf gezielte Nachfrage räumen die Partner ein, sich hin und wieder selbst zu befriedigen, ohne dass der Partner davon weiß, geschweige denn daran teilhaben darf. Die sexuelle Spielart der Selbstbefriedigung kann sich partnerschaftsfeindlich auswirken, wenn sie nicht nur heimlich hinter dem Rücken des anderen praktiziert wird, sondern an die Stelle partnerschaftlicher Sexualität tritt. Vor allem Männer erleben nicht selten Scham- und Schuldgefühle sich selbst oder der Partnerin gegenüber.

Ein Erfahrungsbericht von Frank, 35 Jahre:

Wenn meine Frau keine Lust auf Sex hatte, ich aber große Lust, dann habe ich mich manchmal im Bad selbst befriedigt. Ich war irgendwie ärgerlich auf sie. „Wenn du mich nicht willst, dann mache ich es mir eben selber!", habe ich mir gedacht. Aber immer hatte ich danach ungute Schuldgefühle. Bei einem Eheseminar wurde die Frage nach Selbstbefriedigung in der Partnerschaft behandelt. Für mich war es ein Schlüsselerlebnis zu erkennen, dass heimliche Selbstbefriedigung aus Frust heraus mich innerlich von meiner Frau entfernt. Ich habe mit ihr inzwischen offen darüber gesprochen. Inzwischen gehen wir so damit um, dass ich an sie gekuschelt einen Samenerguss herbeiführen kann, während sie mich liebevoll streichelt. Und manchmal erwacht dann auch bei ihr die Lust, und wir haben gemeinsam unseren Liebesspaß. Ich bin echt froh darüber, dass jetzt keine Heimlichkeiten mehr zwischen uns stehen und wir auf diese Art noch näher zusammengefunden haben.

Ich halte es für gut, wenn in der Partnerschaft offen über dieses Thema gesprochen wird. Welche Erfahrungen verbindet Ihr als Mann und Frau mit Selbstbefriedigung? Mit welchen Gedanken und Gefühlen verbindet Ihr diese sexuelle Spielart? Welche positiven und negativen Aspekte fallen Euch ein? Wie könnte Selbstbefriedigung auch in Euer gemeinsames Intimleben integriert werden?

Folgende Impulse können einen offenen Gedankenaustausch fördern:

- Liebende dürfen auch diesen sehr intimen Bereich der eigenen Sexualität miteinander teilen. Selbstbefriedigung ist weder verwerflich noch gesundheitsschädlich. Liebespartner können sich vertrauensvoll und angstfrei füreinander öffnen und ehrlich über Selbstbefriedigung sprechen.
- Selbstbefriedigung wirkt entlastend in sexuellen Dürrezeiten, in denen ein erfülltes Intimleben kaum oder gar nicht ausgelebt werden kann. In Zeiten räumlicher Distanz, bei krankheitsbedingter Impotenz oder anderen körperlichen Einschränkungen, nicht zuletzt auch bei einem unterschiedlich ausgeprägten sexuellen Verlangen kann Selbstbefriedigung von Erwartungsdruck entlasten.
- Vor allem Frauen berichten, dass sie durch die Selbstbefriedigung ihren Körper und ihre erotischen Empfindungen besser kennengelernt haben. Sie können ihre Erfahrungen nutzen und ihrem Partner noch besser mitteilen, welche Art von Stimulation ihnen dabei hilft, Lust zu empfinden und einen Höhepunkt zu erleben.

Die sechs geschilderten Spielarten erotischer Aktivitäten im Paarleben beschreiben die umfassenden Möglichkeiten, die Ihr entfalten könnt. Eine Spielart für sich genommen macht noch kein erfülltes Liebesleben aus. Wenn sich intime Stunden ausschließlich als Alltags-Sex abspielen, kehrt Langeweile ein. Wer dagegen immer nur das verführerische Abenteuer beim Sex sucht, erschöpft auf Dauer. Passiert es immer nur auf „die Schnelle", bleiben Zärtlichkeit und das intime erotische Spiel miteinander auf der Strecke. Die große Herausforderung für Langzeitpaare besteht darin, allen Spielarten in irgendeiner Weise Raum zu geben. Es lohnt sich, wenn Ihr ganz bewusst Euer Liebesleben abwechslungsreich gestaltet, statt außerhalb der Beziehung nach Abwechslung zu suchen. Investiert in die Pflege partnerschaftlicher Sexualität, bewahrt Euch intime Vertrautheit und genießt zugleich spannende Momente, in denen erotisches Begehren neu erwacht.

Praxis-Übung: Wie kommen wir über Sex ins Gespräch?

Das beste Aphrodisiakum ist ein offenes, vertrauensvolles Gespräch miteinander. Der Paartherapeut Lukas Möller beschreibt das Ziel erotischer Zwiegespräche treffend: „Beide beachten die eigenen erotischen Wünsche und die des Partners gleichrangig und versuchen, sie gemeinsam zu gleichen Teilen zu erfüllen." Es gibt eine Reihe von Hindernissen, die einen ehrlichen Austausch verhindern können. Männer und Frauen ticken in ihrem sexuellen Empfinden sehr unterschiedlich. Sie wünscht sich eine stimmungsvolle Atmosphäre, in der sie mit Kopf, Herz und Haut erotisch erwärmt wird, während er stärker den Impuls nach direkter sexueller Aktivität verspürt. Bildlich gesprochen gleichen Frauen einem Holzkohlenherd, der sich langsam entfacht und zu glühen beginnt. Männer dagegen stehen sozusagen im Nu wie ein Gaskocher in Flammen.

Als hinderlich erweisen sich überzogene wechselseitige Erwartungen an den Partner und seinen Part am Intimleben. Hier gilt es auszuloten, welche Erwartungen angemessen und realistisch sind und welche Wünsche den anderen überfordern. Es kommt darauf an, bei unterschiedlichen Bedürfnissen oder Sichtweisen tragfähige Kompromisse zu finden.

Wenn Ihr über das „heiße Eisen" Sexualität ins Gespräch kommen wollt, aber nicht wisst, wie Ihr beginnen sollt, könnt Ihr beispielsweise folgende Satzanfänge ergänzen und das angerissene Thema vertiefen. Beachtet dabei, dass einer erzählt und der andere, ohne ihn zu unterbrechen, aufmerksam zuhört. Gebt als Zuhörer kurz wieder, was bei Euch angekommen ist. Verzichtet auf Bewertungen und negative Kritik. Hat der Sprecher seine Sichtweise, Gedanken und Gefühle ausgesprochen, teilt anschließend der Zuhörer seine persönliche Sichtweise mit. Lasst einander im Gespräch stehen, auch dann, wenn ihr sehr unterschiedliche Meinungen vertreten habt.

- *„Mir gefällt in unserem Liebesleben besonders gut..."*
- *„In meiner Kindheit und Jugend habe ich vermittelt bekommen, dass Sex ..."*

- ■ *„Es fällt mir nicht leicht, über unser Intimleben zu reden, weil …"*
- ■ *„Um erotisch in Stimmung zu kommen brauche ich …"*
- ■ *„Wenn ich gerne mit dir schlafen möchte und du keine Lust hast, dann …"*
- ■ *„Wenn du mit mir schlafen möchtest und ich keine Lust habe, dann …"*
- ■ *„Ich würde gerne einmal mit dir ausprobieren, wie es ist …"*
- ■ *„Ich fühle mich sexuell zufrieden, wenn …"*

Unerfüllte erotische Sehnsüchte, Fantasien und Wünsche

Jeder Mann und jede Frau hat sie mehr oder weniger: erotische Fantasien, die im Kopfkino ablaufen. Ihr dürft Euch davon erzählen, wenn Ihr taktvoll damit umgeht. Wer geheime erotische Fantasien offen erzählt, braucht eine stabile Vertrauensbasis mit dem Partner. Es braucht eine Atmosphäre, in der frei und ohne Vorwürfe oder Ablehnung geredet werden kann. Jeder hat ein Recht auf eigene erotische Fantasien und Wünsche, aber kein Recht auf deren Erfüllung.

Praxis-Übung: Erotische Fantasien

Die folgende Aufgabe erfordert Mut. In der Regel haben wir geheime, unerfüllte Wünsche und Bedürfnisse, die wir dem Partner bisher nicht mitgeteilt haben. Vielleicht trauten wir uns auch nicht, sie uns selbst einzugestehen. Je nach Grad der sexuellen Tabuisierung wird es leichter oder schwerer fallen, den eigenen erotischen Vorlieben und Fantasien auf die Spur zu kommen und sie in Worte zu fassen. Eine gute Möglichkeit besteht darin, sie in Briefform konkret zu formulieren. Lasst Euch dazu genügend Zeit. Wenn Ihr eine geheime Wunschliste geschrieben habt, könnt Ihr frei verabreden, ob Ihr sie Euch gegenseitig vorlesen wollt oder nicht. Entweder lesen beide vor, was sie geschrieben haben, oder keiner. Der Fairness halber sollten sich beide gleichermaßen daran beteiligen. Welche Chancen und Befürchtungen könnte es auf beiden Seiten geben? Würde Dein Partner eher überrascht reagieren? Wer würde sich über die Offenheit des anderen freuen?

Praxis-Übung:
Was tun, wenn der Sex schlafen gegangen ist?

Gehört Ihr zu den Paaren, die schon seit längerer Zeit sexuell abstinent miteinander leben? Ihr könnt Euch kaum an das letzte Mal erinnern. Ihr empfindet mehr oder weniger stark eine Hürde, die sich zwischen Euch befindet und die verhindert, sich sexuell wieder aufeinander einzulassen. Mit der Zeit habt ihr vermutlich immer weniger Zärtlichkeit ausgetauscht und intimen Kontakt vermieden. Die Angst, der andere könnte eine zärtliche Umarmung als Aufforderung zum Sex verstehen, lässt Euch sehr zurückhaltend werden. Die Ursachen für den Lustverlust können vielfältig und komplex sein. Ist Euer Vertrauen zueinander brüchig geworden? Haben beruflicher Stress und familiäre Verpflichtungen zu wenig Zeit für Zweisamkeit gelassen? Oder hat die erotische Anziehungskraft langsam abgenommen?

Grundsätzlich ist der Wunsch nach Erotik und Sexualität aber in Euch beiden wach geblieben. Ihr würdet gerne wieder intime Zärtlichkeit austauschen, wisst aber nicht genau, wie das wechselseitig gelingen kann. Die innere Anspannung scheint derzeit groß. Gerade wenn einer von Euch beiden das Gefühl hat, der andere erwarte jetzt sehr viel mehr in Richtung Sexualleben, erstickt das jede aufkeimende Lust. Wenn ein Paar nach sexueller Dürrezeit sein Liebesleben neu beleben möchte, schlage ich eine schrittweise Annäherung vor.

Erster Schritt: Geschlechtsverkehr ist verboten!

Mit einem zeitlich befristeten Sexverbot soll den Partnern der Druck genommen werden. Gerade weil sie wissen, dass sie nicht miteinander schlafen dürfen, löst sich ihre Anspannung. Keiner muss irgendwelche Erwartungen erfüllen, für die er noch nicht offen ist. Weil Sex während der folgenden Berührungsübungen tabu ist, können sich Mann und Frau auf die sinnliche Wahrnehmung von Berührungen konzentrieren und die Kunst des Berührens und Berührtwerdens neu erlernen. Es geht nicht um sexuelle Befriedigung, sondern um ein spielerisches Sichnäherkommen.

Zweiter Schritt: nichtgenitale Berührungen

Im ersten Teil dieser Übung geht es darum, sich wechselseitig eine wohltuende Massage zu schenken. Ihr verabredet Euch für ein einstündiges Massage-Date und sorgt für eine ungestörte, angenehme Atmosphäre. Jeder bekommt eine 20- bis 30-minütige Massage geschenkt. Verwendet dazu ein Euch angenehmes Massageöl. Wenn Ihr diese Übungen einige Male durchgeführt habt, geht Ihr einen Schritt weiter. Ihr entkleidet Euch bis auf die Unterwäsche. Während der eine sich bequem hinlegt, bekommt der andere die Aufgabe, dessen Körper auf unterschiedliche Arten zu berühren. Der passiv Empfangende versucht wahrzunehmen, was er empfindet, ohne die Berührungen zu erwidern oder zu kommentieren. Es gibt keine falschen oder richtigen Körperberührungen. Das Ziel der Zärtlichkeitsübung besteht auch nicht darin, den anderen sexuell zu erregen. Ziel ist es, sich auf die eigene Sinneswahrnehmung zu konzentrieren, ohne eine Bewertung vorzunehmen. Nur wenn sich eine Berührung körperlich oder psychisch unangenehm anfühlt, darf darauf hingewiesen werden. Sollten die Berührungen sexuelle Erregung auslösen, gilt das Sexverbot. Sexuelle Erregung kann auftreten und wieder langsam abflachen. Geht diese Übung spielerisch an! Variiert Druck und Tempo der Berührungen. Keiner muss etwas Besonderes leisten oder ein bestimmtes Ziel erreichen. Es geht einfach nur um die Sensibilisierung für zärtliche Brührungen.

Dritter Schritt: genitale Berührungen

Es gelten dieselben Voraussetzungen: ungestörte Atmosphäre und ein Verbot zum Geschlechtsverkehr. Verabredet zunächst wieder, wer Berührungen gibt und wer sie empfängt. Der Schwerpunkt dieser Übung liegt nicht darin, in erster Linie die Genitalzonen des anderen zu streicheln, sondern den gesamten Körper mit vielfältigen Berührungen zu erkunden. Während der Übung dürfen die Genitalien immer wieder einmal kurz gestreichelt werden. Bewährt haben sich sogenannte Handsignale. Der Gestreichelte nimmt die Hand des Partners und signalisiert ihm, welche Art der Berührung besonders angenehm

ist und sich gut anfühlt. Wenn Ihr diese Übung mehrfach wiederholt habt, könnt Ihr einen Schritt weitergehen. Sollte der Berührte in eine starke sexuelle Erregung kommen, dürfen die Streicheleinheiten intensiviert und ein Orgasmus herbeigeführt werden. Das ist aber kein Muss, sondern liegt in der aufmerksamen Absprache beider.

Vierter Schritt: wechselseitig Zärtlichkeit verschenken

Anders als bei den vorangegangenen Übungsschritten dürfen jetzt beide Partner gleichzeitig aktiv werden. Es gelten die gleichen Bedingungen wie beim dritten Schritt. Auf intensive Küsse und auf Sex wird weiterhin verzichtet.

In den bisherigen Übungen wurden Eure Sinneswahrnehmungen geschärft. Jeder hat sich auf die empfangenen Berührungen zu konzentrieren gelernt. Jetzt habt Ihr die Chance, berührt zu werden und gleichzeitig zu berühren. Dabei soll eine Fixierung auf die erogenen Zonen vermieden werden, sondern der Schwerpunkt auf sinnlicher Wahrnehmung und zärtlichem Genuss liegen. Diese Übungsvariante kann durchaus auch unter der Dusche oder in der warmen Badewanne ausgekostet werden.

Fünfter Schritt: sinnlicher Sex

Aus den bisherigen Erfahrungen wisst Ihr, wie wichtig es ist, sich spielerisch und mit vielen sinnlichen Berührungen aufeinander einzulassen. Genießt die neu entstandene körperliche Nähe und Vertrautheit! Dabei ist es wichtig, nicht gleich bis zum Äußersten zu gehen. Im Vordergrund steht der spielerisch-erotische und zärtliche Umgang miteinander. Das Liebesspiel kann dann, wenn beide es wünschen und einander signalisieren, sacht und achtsam in den eigentlichen Geschlechtsverkehr übergehen. Auch für das sexuelle Verschmelzen gilt: Genießt die körperliche Nähe und Wärme auf langsame und behutsame Weise. Begegnet einander mit allen Sinnen und stellt die emotionale Seite in den Vordergrund, wenn Ihr zusammen schlaft. Auf diese Weise erlebt Ihr vermutlich eine neue facettenreichere Form sexueller Vereinigung.

Praxis-Übung: Kreative Ideen für sinnliche Paarspiele

Eine erotische Landkarte zeichnen

Die Haut unseres Körpers ist ein überaus empfindsames Organ. Sie verfügt über mehr oder weniger stark ansprechbare erogene Zonen. Auf spielerische Art könnt Ihr eine erotische Landkarte Eures Partners anfertigen. Ihr braucht dazu einen großen Bogen Zeichenpapier, Pinsel und Malfarben. Zeichnet den Körper des anderen in seinen Umrissen aufs Papier. Anschließend malt jeder seinen Körper mit unterschiedlichen Farben aus. Die besonders erregbaren Körperregionen können beispielsweise in roter Farbe festgehalten werden, mit Blau werden die eher unempfindlichen Abschnitte der Haut eingezeichnet; Orange steht für die Körperteile, die sich bei Berührungen sehr angenehm anfühlen. Der Fantasie sind keine Grenzen gesetzt, um eine für den Partner gut lesbare Haut-Landkarte zu entwerfen. Ihr werdet viel Spaß bei den erotischen Malereien erleben und vielleicht auch etwas Neues über das Körperempfinden des anderen entdecken.

Die besondere Handmassage

Der Mann nimmt die Hand der Frau und massiert sie eine Viertelstunde lang. Er setzt unterschiedliche Berührungen ein, von denen er glaubt, sie könnten ihr gefallen. Die Frau genießt seine Massage, ohne sie zu kommentieren. Nach einer Viertelstunde widmet er sich ihrer zweiten Hand. Diesmal darf sie ihm aber kleine Rückmeldungen geben: „Bitte massiere jeden Finger einzeln. Verstärke den Druck etwas. Wenn du die Fingergelenke massierst, fühlt sich das besonders gut an!"

Nachdem sie eine halbe Stunde massiert wurde, werden jetzt die Rollen getauscht. Nach dem gleichen Muster massiert sie erst ohne Anleitung, später darf er seine Wünsche äußern.

Nach dieser Massageeinheit werden sich Eure Finger und Hände wunderbar warm anfühlen. Bitte tauscht Euch jetzt darüber aus, was Ihr als Massierter oder als Masseur wahrgenommen habt. Fiel es Euch leichter, ohne Anleitung zu genießen, oder waren die

Rückmeldungen eine Bereicherung? Wie leicht fiel es, dem Partner zu sagen, was Ihr gerne mochtet oder was sich nicht so angenehm anfühlte? Wenn der Angeleitete sich kritisiert fühlt, sollte er taktvoll darüber reden und mitteilen, mit welcher Art von Feedback er besser umgehen kann. Die Handmassage-Übung dient als gutes Lernfeld, eigene Empfindungen sensibel wahrzunehmen und den Partner anzuleiten, wie er zu noch mehr Wohlbefinden beitragen kann.

Eine sinnliche Geschichte erzählen

Du verbindest die Augen Deines Partners und beginnst damit, eine spannende, erotische Geschichte zu erzählen. Die Handlung hast Du Dir im Vorfeld überlegt und ergänzt sie spontan an verschiedenen Stellen. Um die sinnliche Dimension Deiner Geschichte besonders spürbar werden zu lassen, kannst Du verschiedene Gegenstände, Gerüche oder Stoffe einsetzen. Lass Deinen Zuhörer in die Welt von „Tausendundeiner Nacht" eintauchen. Entführe ihn als Erzähler in ein früheres Jahrhundert, an einen ungewöhnlichen Ort oder in eine spannende Situation.

Auf diese Weise kommst Du mit eigenen sinnlich-erotischen Fantasien auf die Spur und bereitest Deinem Partner ein äußerst sinnliches Hörvergnügen. Wem es schwerfällt, eine Fantasiereise auszudenken, kann alternativ eine kleine erotische Geschichte vorlesen.

Berührungsspiel

Jeder kennt aus Kindertagen das „Ich-schreibe-mit-meinem-Finger-auf-Deinen-Rücken-Spiel". Auch im Erwachsenenalter kann es sichtlich Spaß machen, den Rücken des Liebespartners als Schreibtafel zu verwenden. Berührungen beginnen im wahrsten Sinne des Wortes „zu sprechen", indem Ihr kleine Liebesbotschaften aufschreibt oder zeichnet. „Deine Haut fühlt sich samtweich an!", „Ich mag dich gut riechen!", „Habe ich dir schon einmal gesagt, dass ich deinen Nacken zum Fressen gerne habe?" Die Schreibfläche kann beliebig erweitert werden mit kleinen Liebesbotschaften, die unter die Haut gehen.

Was macht Liebende unzertrennlich?

Als Ihr Euch ineinander verliebt habt und zusammengekommen seid, wurde etwas ganz Neues von Euch ins Leben gerufen: Eure einzigartige Partnerschaft. Eine Zeit des Aufbruchs begann. Der Himmel voller Geigen. Glück pur. Viele Wünsche und große Hoffnungen auf das Glück zu zweit.

Inzwischen sind einige Jahre vergangen. Ihr habt viel erlebt, gemeinsam aufgebaut und vielleicht eine Familie gegründet. Bis heute hat das Band Eurer Liebe gehalten. Ihr seid immer noch zusammen, während manche Beziehungen um Euch herum inzwischen gescheitert sind. Ihr habt es geschafft. Klar, es gab immer wieder einmal kleine und größere Konflikte, aber die haben Euch nicht entzweit. Dennoch ist Eure Partnerschaft mit den Jahren etwas in die Jahre gekommen. Ein wenig ist der Lack abgeblättert. Bei genauem Hinsehen entdeckt Ihr leichte Ermüdungserscheinungen in der Zweierbeziehung. Es läuft im Großen und Ganzen gut zwischen Euch. Dennoch beschleicht Euch manchmal das Gefühl, dass es an der Zeit ist, an Eurer Beziehung zu arbeiten und neue Impulse in sie zu investieren. Möglicherweise gibt es auch Tage zu Hause, in denen Krisenstimmung aufkommt und Ihr damit zu kämpfen habt, Euch gegenseitig zu ertragen und auszuhalten. Es kriselt vielleicht in einigen Bereichen der Partnerschaft. Für Euch ist das noch kein Grund zur Sorge, aber ein Anlass, genauer hinzusehen, an welchem Punkt jeder Einzelne von Euch und auch die Beziehung steht.

Wie krisenfest ist Eure Liebe?

Warum meistert das eine Paar eine handfeste Krise, während ein anderes Paar sich trennt? In der Paarforschung gehen Wissenschaftler

genau dieser Frage nach. In Deutschland startete beispielsweise 2008 eine groß angelegte Studie, in der mehr als 12 000 Männer und Frauen begleitet wurden. Über einen Zeitraum von 12 Jahren soll erforscht werden, welche Faktoren eine Partnerschaft dauerhaft zusammenhält und welche Einflüsse für den schleichenden Tod einer Beziehung verantwortlich sind. Diese Langzeitstudie an der Uni München hat bereits in den ersten vier Jahren erstaunliche Erkenntnisse zutage gefördert.

Beziehungen, die zu Beginn der Untersuchung als krisenhaft erlebt wurden, nahm man drei Jahre später noch einmal unter die Lupe. Viele Paare hatten die Krise erfolgreich gemeistert und bezeichneten sich als sehr zufrieden in der Beziehung.

In der Krisenzeit hatten sie einander nicht geschont, sondern die vorhandenen Konflikte schonungslos aufgedeckt. Zunächst ging es ihnen deutlich schlechter, aber nach einiger Zeit besserte sich das Zusammenleben in der Partnerschaft. Sie hatten sich ihren Problemen offen gestellt. Jene Paare, die nach drei Jahren nicht mehr zusammen waren, gingen einen anderen Weg. Sie hatten ihre Schwierigkeiten eher verdrängt und sie nicht offen angesprochen. Sie fürchteten den Konflikt und glaubten, es werde automatisch wieder besser werden. Ihre Schonhaltung verhinderte zunächst zwar eine weitere Eskalation, führte aber in der Folge zur Trennung.

Das eindeutige Fazit dieser Beobachtungen: Wenn Ihr zusammenbleiben wollt, dürft Ihr keinem ernsthaften Konflikt aus dem Wege gehen! Riskiert, dass es erst einmal eine sehr schwierige Beziehungsphase gibt, die aber auf lange Sicht gute Früchte trägt und Eure Beziehung stabilisiert. Wer den Partner schont, um sich letztlich selbst zu schonen, vertagt die vorhandenen Konflikte, statt sie anzugehen. Gerade die unter der Oberfläche schwelenden Probleme ziehen der Beziehung schleichend ihre Kraft ab. Heikle Themen bleiben unausgesprochen. Äußerlich geht die Partnerschaft weiter, aber innerlich verhärtet sie und wird früher oder später brechen.

Neben der Münchner Studie haben zahlreiche andere wissenschaftliche Untersuchungen die entscheidenden Stabilitätsfaktoren einer Liebesbeziehung ermittelt. Es sind bestimmte Einstellungen, Fähigkeiten und Kompetenzen, die in Krisen vor Trennung schützen. Selbst unter großem Druck lassen sie die Partnerschaft nicht zerbrechen. Die Paarforscher verwenden für diesen Zusammenhang den Begriff der „Resilienz". Der ursprünglich aus der Werkstoffkunde stammende Begriff meint die Fähigkeit eines Materials, trotz Verformung durch äußere Belastungen nicht zu zerbrechen. Wie der Fieberglasstab eines Stabhochspringers zeitweise enormen Belastungen ausgesetzt ist, um dann wieder in seine ursprüngliche Form zurückzukehren, besitzen Paare bestimmte Kompetenzen, die sie nach Belastungen wieder in ein Beziehungsgleichgewicht zurückbringen.

Die zwölf wichtigsten Faktoren für Resilienz verdienen besondere Aufmerksamkeit. Sie sichern das Überleben der Liebe in Krisenzeiten.

realistische Erwartungen

an die Beziehung glauben   Freundschaft

Konfliktfähigkeit   gegenseitige Annahme

übereinstimmende Wertvorstellungen   Impulse von außen

wertschätzende Großzügigkeit   Selbst- und Partnerfürsorge

Humor   motiviert zur Beziehungsarbeit   Kommunikation

Jeder der genannten Resilienz-Faktoren hält die Zweierbeziehung in krisenhaften Zeiten elastisch und stabil.

Praxis-Übung: Einschätzung von Resilienz-Faktoren

Wie schätzt Ihr die Resilienz-Faktoren in Eurer Beziehung auf einer Skala von 0 bis 10 ein? 0 bedeutet „absolut nicht vorhanden", 5 „vorhanden und zufriedenstellend", 10 „besonders ausgeprägt". Versucht jeweils zu einem gemeinsamen Wert zu kommen. Kreuzt der eine 6 an, während der andere eine 8 favorisiert, entscheidet Ihr Euch für den Mittelwert.

Realistische Erwartungen:

Darunter fallen die mit der Beziehung verbundenen Ziele, Wünsche und Hoffnungen. Es geht darum, idealistische Erwartungen zu verabschieden und realistische Ziele für das alltägliche Zusammenleben anzustreben, die Ihr wirklich umsetzen könnt.

0	1	2	3	4	5	6	7	8	9	10

An die Beziehung glauben:

Gemeint ist eine starke optimistische Grundhaltung. „Wir gehören zusammen und werden unser Leben zu zweit meistern!"

0	1	2	3	4	5	6	7	8	9	10

Übereinstimmende Wertvorstellungen:

Es geht um die Frage, wir nahe Eure Grundwerte beieinanderliegen. Was ist für Euch besonders wichtig, bedeutsam und wertvoll zum Beispiel im Blick auf Lebensstil, Arbeitsleben, Politik oder gesellschaftliches Engagement?

0	1	2	3	4	5	6	7	8	9	10

Konfliktfähigkeit:

Wie stark ausgeprägt ist Eure Fähigkeit, trotz unterschiedlicher Meinungen und Bedürfnisse gute Kompromisse auszuhandeln?

0	1	2	3	4	5	6	7	8	9	10

Großzügigkeit:

Wie ausgeprägt ist die Bereitschaft, dem anderen genügend Freiräume zu gewähren? Könnt Ihr einander individuelle Hobbies, zeitliche Freiräume und Freundschaften gönnen? Auch eine gewisse finanzielle Großzügigkeit gehört dazu.

0   1   2   3   4   5   6   7   8   9   10

Humor:

Hier geht es um den Stellenwert von Leichtigkeit in der Partnerschaft, die mit einer guten Portion Humor gewürzt wird. Habt Ihr etwas zu lachen und könnt Ihr einander zum Lachen bringen?

0   1   2   3   4   5   6   7   8   9   10

Motiviert zur Beziehungsarbeit:

Wie hoch ist die Bereitschaft, in Eure Liebe zu investieren? Was würdet Ihr dafür tun, um die Beziehung lebendig zu halten?

0   1   2   3   4   5   6   7   8   9   10

Selbst- und Partnerfürsorge:

Wie stark schätzt Ihr Eure Fähigkeiten ein, mit denen sich jeder gut um sich selbst kümmert und dabei gleichzeitig die Bedürfnisse des anderen im Blick behält? Je ausgewogener das Verhältnis von Selbstfürsorge und Partnerfürsorge, umso höher der Wert auf der Skala.

0   1   2   3   4   5   6   7   8   9   10

Wertschätzende Kommunikation:

Dazu zählen lobende und anerkennende Worte, die Fähigkeit, Emotionen zu äußern, gute Zuhörerfähigkeit, Freude am Austausch.

0   1   2   3   4   5   6   7   8   9   10

Impulse von außen:

Hierunter fallen Gedankenanstöße, die Ihr durch Bücher, Vorträge, Seminare oder Gespräche mit Freunden im Blick auf Euer Paarleben nutzt.

0 1 2 3 4 5 6 7 8 9 10

Gegenseitige Annahme:

Gemeint ist die wechselseitige Akzeptanz. „Wir respektieren und bejahen einander mit unseren Ecken und Macken!"

0 1 2 3 4 5 6 7 8 9 10

Freundschaft:

Inwieweit finden sich in Eurer Zweierbeziehungen die Werte, die auch eine Freundschaft auszeichnen, z. B. gegenseitige Unterstützung, das Eintreten für den anderen in dessen Abwesenheit, Zeit und Zuwendung, das Über-alles-reden-Können? Je höher der Wert, umso fester schätzt Ihr Eure freundschaftliche Verbundenheit ein.

0 1 2 3 4 5 6 7 8 9 10

Alle Faktoren, die einen Wert von 5 oder darüber aufweisen, machen Eure Beziehungsstärken sichtbar. Hier liegen die besonderen Kompetenzen, um schwierige Zeiten durchzuhalten. Die Werte unter 5 weisen darauf hin, in welchen Bereichen Ihr etwas weiterentwickeln müsst. Allgemein formuliert heißt die Herausforderung: Stärkt Eure Stärken und schwächt die Schwächen!

Fragen zum Austausch:

- *Was ist Euch jeweils besonders aufgefallen?*
- *Welche Werte haben überrascht?*
- *In welchem Bereich wollt Ihr als Erstes investieren?*
- *Wie könnt Ihr die vorhandenen Stärken schätzen und feiern?*
- *Welche Resilienz-Faktoren haben sich in den letzten 12 Monaten positiv entwickelt?*
- *Welche Bereiche sind in den letzten 12 Monaten zurückgegangen?*

Im Gegensatz zu den beziehungsstabilisierenden Faktoren gibt es natürlich auch destabilisierende Einflüsse auf die Partnerschaft. Sie wurden in verschiedenen wissenschaftlichen Studien ermittelt.

Destabilisierende Faktoren:

Idealvorstellungen

Zeitmangel

Altlasten aus der
Herkunftsfamilie

extreme
Unterschiedlichkeiten

Kinder

destruktive
Kommunikation

verloren gegangene
Erotik

mangelhafte Konfliktfähigkeit

Idealvorstellungen:

Die Paarbeziehung wird idealisiert und romantisch überhöht. In der Fantasie existiert ein Bild von Partnerschaft, das Sehnsüchte nach vollkommener Harmonie, gegenseitiger Verschmelzung und romantischen Hochgefühlen beinhaltet. In der Alltagswirklichkeit zerplatzen solche Idealvorstellungen wie Seifenblasen. Leider neigen nicht wenige Partner dazu, eher die Beziehung aufzugeben, als sich von ihren idealistischen Fantasien zu verabschieden.

Zeitmangel:

Verschiedene Lebensbereiche können unersättlich sein. Kinder fordern ungeheuer viel Aufmerksamkeit und Kraft. Berufliche Belastungen rauben Nerven und Energie. Hilfsbedürftige Eltern können viele Kräfte binden. Die Partner werden geradezu von ihren Pflichten und den an sie gestellten Anforderungen ausgesaugt. Zeit zu zweit bleibt auf der Strecke. Der Raum für Intimität geht mit der fehlenden Zeit verloren.

Altlasten aus der Herkunftsfamilie:

Gemeint sind damit offene „Baustellen" aus der Kindheit und Jugendzeit: Themen, die nicht aufgearbeitet wurden. Typische Altlasten sind beispielsweise Verlassenheitsängste, mangelhaftes Selbstwertgefühl oder Konfliktscheue. Weil diese kritischen Themen nicht bewältigt wurden, wirken sie als belastende Hypothek auf die Beziehung ein und ziehen sehr viel Energie ab, die dann nicht mehr für die eigentliche Arbeit an der Beziehung zur Verfügung steht.

Extreme Unterschiedlichkeiten:

Etwa 90 Prozent der Beziehungen bestehen aus sehr gegensätzlichen Partnern. Nicht nur, dass Mann und Frau unterschiedlich ticken, ihre charakterlichen Wesenszüge und Eigenschaften trennen Welten. Interessen und Neigungen gehen diametral auseinander. Der Ordnungsliebende sucht den Chaoten, der Kopftyp den Herzenstyp, der Draufgänger den Vorsichtigen, der Extrovertierte den Introvertierten. Gegensätzliche Persönlichkeiten können dennoch eine harmonische Beziehung führen, wenn es eine gute Portion Gemeinsamkeiten gibt. Fehlen aber verbindende Werte und Interessen, wird die Beziehung über kurz oder lang auseinanderbrechen.

Kinder:

Die Studie der Uni München fand heraus, dass Elternschaft die Paarbeziehung belasten und gefährden kann. Die Trennungsrate ist nach der Geburt des ersten Kindes besonders hoch. Gründe dafür liegen in der starken Fixierung auf das Kind, einem Verlust an erotischer Spannung und der sehr aufreibenden Familiensituation. Wenn Elternschaft auf Dauer die Partnerschaft dominiert, drohen sich Vater und Mutter als Liebespartner aus dem Blick zu verlieren.

Destruktive Kommunikation:

Hier sind es besonders abwertende Kommunikationsstile, die dem Paarleben den Garaus machen können, z. B. die Entwertung des anderen, das Sichverschließen, oder die ständige Rechtfertigung des eigenen Verhaltens. Ständige Streitereien führen schließlich zu einem tödlichen Schweigen in der Beziehung. Wer sich nichts Gutes mehr zu sagen hat, wird von negativen Gefühlen und Gedanken überschwemmt.

Verloren gegangene Erotik:

Die Libido kann gewisse Wüstenzeiten überstehen. Wenn Erotik und sexuelles Interesse aber auf Dauer auf der Strecke geblieben sind, schwindet die intime Verbundenheit der Partner. Erotische Defizite führen in vielen Fällen dazu, dass ein Partner irgendwann aus der Beziehung ausbricht und sexuelle Befriedigung außerhalb der Partnerschaft sucht.

Mangelhafte Konfliktfähigkeit:

Sie spiegelt sich in ständigen Machtkämpfen und Beziehungsdebatten wider. Die Partner sind nicht bereit, nachzugeben oder Kompromisse zu suchen. Sie lassen einander nicht in ihren Meinungen und Positionen stehen, sondern bekämpfen sich gegenseitig. Konflikte werden nicht einvernehmlich gelöst und häufen sich mit der Zeit zu einem unüberwindlichen Berg an.

Jeder einzelne dieser acht Faktoren führt nicht zwangsläufig zur Trennung. Kommen aber mehrere zusammen, bedeutet das „Alarmstufe rot" für die Partnerschaft. In der Regel wird es den Partnern nur mithilfe professioneller Paartherapie gelingen, destabilisierende Faktoren zu erkennen und zu überwinden.

Fragen zum Gespräch:

- Welche Faktoren spielen in Eurer Beziehung eine Rolle?
- Wie stark erlebt Ihr sie als destabilisierend?
- Wie viel Hoffnung habt Ihr jeweils, dass Ihr den gefährdenden Einflüssen entgegenwirken könnt?
- Was ist jeder von Euch bereit zu investieren, um der Beziehung an brüchigen Stellen neue Stabilität zu geben?

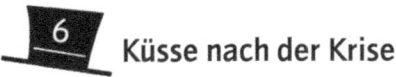

6 Küsse nach der Krise

Die Partnerschaft als „dritte Person":

Partnerschaft und Ehe bilden einen komplexen und äußerst lebendigen Organismus. Viele verschiedene Faktoren erhalten ihn gesund und lebensfähig. So sorgt beispielsweise eine offene, aufbauende Kommunikation für den notwendigen Blutkreislauf. Zärtliche Zuneigung führt dem Liebesorganismus genügend Sauerstoff zu. Romantik, Erotik und Zeiten zu zweit bilden wichtige Liebesvitamine. Viele alltägliche Aufgaben, die gemeinsam gemeistert werden, halten die Beziehung in Bewegung.

Geteilter Spaß und spannende Unternehmungen führen dem Organismus die nötigen Mineralstoffe zu. Der Beziehungsorganismus lebt eigenständig, wenn sich beide innerlich und äußerlich auf eine angemessene Weise von den Eltern abgenabelt haben. Das starke Wir-Gefühl schützt den Organismus wie eine straffe Haut vor Eindringlingen von außen. Gemeinsame Überzeugungen, Wertvorstellungen und Ziele machen die Seele der Beziehung aus. Eine erfüllte sexuelle Beziehung schüttet Glückshormone aus.

Eure Beziehung ist ein individuelles, lebendiges Wesen. Neben Mann und Frau so etwas wie ein eigenständiges Geschöpf, sozusagen die Beziehung in Person. Aber so wenig wir Menschen Leben erschaffen können, so wenig ist es uns möglich, einer Partnerschaft künstlich Leben und Liebe einzuhauchen. Die Liebe bleibt tiefes Geheimnis und kostbares Geschenk.

Echte Liebe ist weder machbar, noch kann man sie einklagen. Liebe geschieht und ist eine Gabe des Himmels. Aber sie muss auch beschützt, gepflegt, umsorgt und genährt werden.

Praxis-Übung: Die Partnerschaft als dritte Person sehen

Nehmt einmal Eure Partnerschaft und die gemeinsam erlebte Zeit in den Fokus Eurer Aufmerksamkeit! Stellt Euch die Partnerschaft neben Euch beiden als eine dritte Person vor und geht folgenden Fragen nach:

Wie geht es dem Paarorganismus heute? Wie würdest Du seinen Zustand beschreiben?

Meine Einschätzung als Partnerin:

_____

_____

_____

Meine Einschätzung als Partner:

_____

_____

_____

Welche Mangelerscheinungen könnt Ihr feststellen?

_____

_____

_____

Welche Bereiche des Paarorganismus funktionieren gut aus Eurer Sicht?

_____

_____

Nehmt Euch viel Zeit, um über diese Fragen und die getroffenen Einschätzungen nachzudenken und gemeinsam zu sprechen! Anhand des anschaulichen Beispiels vom Paarorganismus könnt Ihr sehr klar herausfinden, wo Eure Beziehung gerade steht und wie es ihr in den einzelnen Bereichen geht.

Ein vor Kraft und Vitalität strotzender Beziehungsorganismus entspringt meist einem überzogenen Wunschdenken. Die alltägliche Beziehungswirklichkeit sieht sehr viel nüchterner aus. So wie wir als Menschen mit zunehmendem Alter anfälliger für Krankheiten und körperliche Einschränkungen werden, bleibt auch der Beziehungsorganismus nicht vor Abnutzungserscheinungen verschont. Er wird anfälliger für Infektionskrankheiten und die Power kann schleichend nachlassen. Gerät er aus dem inneren Gleichgewicht, können schwerwiegende Lähmungserscheinungen eintreten.

In einer Beziehungskrise muss der Patient „Partnerschaft" genauer unter die Lupe genommen werden. Zur Diagnosestellung von möglichen Krankheitssymptomen dienen sogenannte diagnostische Fragen. Sie sollen dabei helfen herauszufinden, welche Defizite die Beziehungskrise ausgelöst haben.

Geht dazu den folgenden Fragestellungen nach:

Gab es während Eurer Beziehung jemals eine Zeit, in der es für Dich und Deinen Partner richtig gut lief?

→ *Wenn ja, verbinden Euch schöne Erinnerungen? Es war nicht immer krisenhaft. Wenn es in der Vergangenheit eine geraume Zeit prächtig zwischen Euch lief, stehen die Chancen gut, auch künftig wieder harmonische Zeiten zu erleben. Gestaltete sich die Beziehung dagegen von Anfang an äußerst schwierig und wart Ihr niemals glücklich miteinander, stehen die Chancen eher schlecht, dass sich das große Glück zu zweit jemals einstellen wird.*

Hat Dein Partner einmal oder mehrmals eine deutlich gesteckte Grenzlinie überschritten?

→ *Darunter sind zum Beispiel Untreue, physische Gewalt oder bewusstes Belügen zu verstehen. Wenn Du mit einem klaren „Nein"*
antworten kannst, erlebst Du einen respektvollen Menschen an Deiner Seite, selbst in Krisenzeiten. Wenn eine oder mehrere Grenzüberschreitungen geschehen sind, wurde Dein Vertrauen in die Loyalität Deines Partners tief erschüttert. Wenn neues Vertrauen in Dir wachsen konnte und Dein Partner sich dieses ehrlich verdient hat, habt Ihr wieder eine tragfähige Basis gefunden. Kommt es immer wieder zu Grenzüberschreitungen, muss Du Dich klar von dem Verhalten Deines Partners abgrenzen und über eine räumliche Trennung nachdenken.

Wenn Du an die problematischen Verhaltensweisen und Wesenszüge Deines Partners denkst, die Eure Beziehung so sehr belasten, dass Du an Trennung denkst – glaubst Du fest daran, dass der andere bereit ist, etwas daran zu verändern, und es auch wirklich tun wird?

→ *Glaube versetzt Berge. Wenn Dir Dein Partner bewiesen hat, dass er motiviert ist, an seinen Schwächen zu arbeiten, kannst Du zuversichtlich sein, dass es mit Eurer Beziehung nicht immer leicht, aber trotzdem gut weitergehen wird. Lässt er aber jede Bereitschaft vermissen, etwas für Dich und die Beziehung anzupacken, bist Du auf Dich alleine gestellt und damit stehen die Chancen für eine positive Weiterentwicklung als Paar eher schlecht.*

Gelingt es Deinem Partner immer wieder, Dir das Gefühl zu geben, ein Trottel zu sein und versagt zu haben? Gibt er Dir das Gefühl, auch in Lebensbereichen unfähig zu sein, die für Dich Gewicht haben?

→ *Wenn es so ist, dann verdient er Dich nicht an seiner Seite. Diese ablehnende Haltung Dir als Person gegenüber ist wie ein schleichendes Gift. Entweder fängst Du an, daran zu glauben, ein totaler Versager zu sein, oder Du bringst dich in Sicherheit und beendest die Beziehung. Erlebst Du Dein Gegenüber aber als echten Freund, der Deine Gaben und Deine Fähigkeiten schätzt, ist das eine wichtige Voraussetzung, um Krisen miteinander meistern zu können.*

Würde Dir etwas Wichtiges fehlen, wenn Du nicht mehr mit Deinem Partner zusammen wärst?

→ *Diese Frage dient dazu, die kleinen und großen Schätze in der Beziehung in den Blick zu nehmen. Wenn es zum Beispiel eine gemeinsame Aktivität gibt, die Ihr unabhängig vom Beisein Eurer Kinder mit viel Spaß teilt, stehen die Chancen gut, zusammenzubleiben, auch wenn es Probleme gibt. Würde Dir aber nichts fehlen, stellt sich die Frage, warum Du noch an der Beziehung festhältst?*

Gibt es zwischen Dir und Deinem Partner einen Raum des Vergebens und Verzeihens oder hält jeder dem anderen immer wieder neu sein Versagen vor?

→ *Liebe lebt von der Vergebung. Durch die Nähe in einer Beziehung geschieht es automatisch, dass Kränkungen und Verletzungen geschehen. Einander verzeihen bedeutet: Ich fange neu mit Dir an und trage Dir Deine Schuld nicht nach. Vergebung reinigt und klärt die Partnerschaft. Fehlt die Bereitschaft, zu vergeben, häufen sich die „Schulden" an und können zu einem unüberwindlichen Problem anwachsen.*

Wenn es um die Intimität in Eurer Beziehung geht, hast Du dann den Eindruck, dass Ihr darüber immer in Streit geratet und Ihr keinen guten gemeinsamen Weg zu mehr Intimität finden könnt?

Intimität und vertraute Nähe sind eine Art Klebstoff, der Mann und Frau zusammenschweißt. Gehen sie schleichend verloren, leben die Partner zunehmend nebeneinanderher. Sie entfremden sich. Wenn alle bisherigen Versuche fehlgeschlagen sind, neue Nähe aufzubauen, ist die Beziehung gefährdet. In einer solchen Situation müssen die tiefer liegenden Blockaden herausgearbeitet werden. Warum genau verhindern wir Nähe, statt sie aktiv zu suchen?

Praxis-Übung:
In der Beziehungskrise geschieht ein Wunder

Die nachfolgende Fantasieübung eignet sich ausgezeichnet für Paare, die eine krisenhafte Phase erleben und sehr motiviert sind, gestärkt aus ihr hervorzugehen. Sie weitet Euren Horizont für eine sehr positive Entwicklung zwischen Euch beiden. Sie handelt von einem übernatürlichen Wunder, nach dem Küsse auf die Krise folgen.

Stellt Euch bitte folgendes Szenario vor: Ihr geht heute Nacht ins Bett und schlaft tief und fest ein. Während Ihr schlaft, geschieht ein übernatürliches Wunder an Euch beiden. Gott, der Euch beide und Eure Beziehung gut kennt, nimmt auf wundersame Weise alle Probleme und Schwierigkeiten von Euch. Destruktive Verhaltensweisen werden eliminiert. Alle negativen Empfindungen und Einstellungen verwandeln sich in positive Gedanken und Gefühle. Wie durch eine wundersame Operation am offenen Herzen und Gehirn entfernt Gott alles, was Euch im Zusammenleben auf die Nerven gegangen ist. Dazu bekommt Ihr eine dicke Portion an Schmetterlingsgefühlen implantiert. Dieses Wunder geschieht an Euch beiden, ohne dass Ihr in der Nacht etwas davon mitbekommt. Der nächste Tag bricht an. Wie wird der Tag nach dem göttlichen Wunder verlaufen? Versucht Euch auszumalen, mit welchen Gedanken und Gefühlen Ihr aufwacht. Was nehmt Ihr zuerst an Euch selbst wahr? Notiere alles, was ungewöhnlich anders sein wird.

Bitte nehmt Euch genügend Zeit für die folgenden Fragen!

Woran wirst Du am Morgen und im Laufe des Tages erkennen, dass mit Dir selbst ein Wunder passiert ist?

_____

_____

_____

Was wird Deinem Partner in Deinem Verhalten, Deiner Stimmung,
Deinen Worten und Gesten ins Auge fallen?

_____

_____

_____

Woran wirst Du bemerken, dass mit Deinem Partner ein Wunder
passiert ist? Was genau wird Dir alles auffallen?

_____

_____

_____

Wodurch wird sich der Tag nach dem Wunder von den zurück-
liegenden Tagen unterscheiden?

_____

_____

_____

Woran werden Eure Kinder ablesen, dass Ihr als veränderte
Menschen mit einer erneuerten Liebesbeziehung aufgewacht seid?

_____

_____

_____

Was wird Euren Freunden oder Kollegen an Euch persönlich und Eurer Beziehung verändert erscheinen?

_____

_____

_____

Wodurch werden die Tage und Wochen nach dem märchenhaften Eingriff gekennzeichnet sein?

_____

_____

_____

Bevor Ihr jetzt weiterlest, bitte ich Euch, die vorangegangenen Fragen gründlich und ausführlich zu beantworten. Lasst Eurer Fantasie freien Lauf! Fühlt Euch sensibel in den Tag nach dem Wunder ein. Wenn Ihr alle Ideen zusammengetragen habt, könnt Ihr zur Auswertung dieser Fantasieübung übergehen.

Auswertung:

Ich habe eine schlechte und eine gute Nachricht. Die schlechte lautet: Dieses nächtliche, übernatürliche Wunder wird nicht geschehen! Vorhandene Beziehungsprobleme verschwinden nicht über Nacht. Selbst eine höhere göttliche Macht erledigt nicht an Eurer Stelle die dringend nötige Beziehungsarbeit. Die könnt nur Ihr ganz alleine leisten. Und damit bin ich bei der guten Nachricht: Mit dieser Übung habt Ihr viele Verhaltensänderungen zusammengetragen und konkrete Ziele für eine positive Veränderung in Eurer Partnerschaft erarbeitet. Wenn Ihr damit beginnt, eine Veränderung nach der anderen konkret und engagiert umzusetzen, wird tatsächlich eine fantastische, fabelhafte Erneuerung in Eurem Zusammenleben Wirklichkeit.

Mike und Christine und deren Tag nach dem Wunder:

Mike: „Ich wache mit einem guten Gefühl auf. Als ich Christine neben mir schlafen sehe, überkommt mich ein warmes, zärtliches Gefühl für sie. Ich stehe an diesem Morgen gleich auf – sonst ist sie immer die Erste – und mache Frühstück, das ich ihr ans Bett bringe. Ich wecke sie lächelnd mit einem Guten-Morgen-Kuss.

Wir frühstücken im Bett, was wir schon so lange nicht mehr gemacht haben. Christine kommt mir heute viel weicher und freundlicher vor als sonst. Sie reagiert überhaupt nicht schnippisch, wie es manchmal ihre Art ist. Sie genießt einfach. Später verabschiede ich mich viel fröhlicher von ihr und mache mich gut gelaunt auf den Weg zur Arbeit. In der Mittagspause rufe ich sie an, einfach so, um ihre Stimme zu hören. Als sie sagt, sie freue sich heute Abend auf mich, kann ich das kaum glauben. Das hat sie lange nicht zu mir gesagt. Ich denke nochmal über den Tanzkurs nach, den Christine so gerne mit mir besuchen würde. Die Idee gefällt mir immer besser. Am Abend reden wir darüber und sind uns einig: Wir machen's und melden uns an.

Erstaunlicherweise geraten wir uns im Laufe des Abends nicht – wie so oft – in die Haare. Ich mache Christine sogar einige ehrlich gemeinte Komplimente. Der Tag klingt so schön aus, wie er begonnen hat. Unsere beiden Töchter haben ganz schön geguckt, als ich ihrer Mutter ein paar spontane Küsse beim Abendessen aufgedrückt habe. Meine Kollegen haben mich sogar gefragt, was mit mir los sei. ,Du bist heute so gut drauf!' Je mehr ich über den oder die Tage nach dem Wunder nachdenke, umso mehr fallen mir kleine Veränderungen ein.“

Christine: „Ganz klar – ich fühle mich viel entspannter nach der Wundernacht, bin nicht so genervt und frustriert. Der ganze Ballast an Vorwürfen gegenüber Mike ist ja, wenn ich das Wunder richtig verstanden habe, verschwunden. Ich glaube, dass wird auch mein Mann an meinem Verhalten bemerken. Ich mache ihn nicht mehr gleich wegen jeder Kleinigkeit an, die mich stört. An ihm würde mir

auffallen, dass er einige Aufgaben im Haushalt erledigt, ohne dass ich ihn lange darum bitten muss: Er räumt von selbst die Spülmaschine aus und kontrolliert die Hausaufgaben der Kinder. Mit Mike würde ich mich an den folgenden Tagen viel besser absprechen und wir würden uns auch etwas Schönes zu zweit vornehmen. Ich hätte endlich wieder das Gefühl, dass Mike mich sieht und ich ihm wichtig bin, weil er zu Hause einfach präsenter wäre. Und unsere Kinder hätten wieder verliebte Eltern. Meine beste Freundin würde sich außerdem wundern, dass ich mich nicht mehr so oft über Mikes Passivität beklage. Vor allem wäre ich aber viel positiver eingestellt als in letzter Zeit. Ich würde wirklich das sehen, was Mike echt gut kann und wo er sich Mühe gibt. Deshalb würde ich nach so einem Wunder viel offener und liebevoller mit ihm umgehen."

 ## Die spirituelle Dimension der Partnerschaft

Liebe hat bekanntlich viele Gesichter. In der Paarbeziehung kommen unterschiedliche Elemente der Liebe zum Zuge.

♥ Gefährtenliebe:

Wie in J. R. R. Tolkiens Roman „Der Herr der Ringe" gehen die Liebespartner in kameradschaftlicher Liebe durch dick und dünn. Sie halten fest zusammen, selbst wenn sie gegen starke feindselige Mächte ankämpfen müssen. Jeder kann sich auf den anderen blind verlassen. Gefährten verhalten sich loyal. Sie schöpfen ihre Kraft nicht aus romantischen Hochgefühlen, sondern aus der Erkenntnis, dass sie ihr Leben gemeinsam stärker und erfolgreicher meistern werden.

♥ Spielerische Liebe:

Die spielerische Liebe lebt von der Leichtigkeit in einer Beziehung. Die Partner gewähren sich große Freiräume und engen einander nicht ein. Jeder darf seinen individuellen Neigungen nachgehen. Auf der anderen Seite genießen beide gemeinsame Unternehmungen und sind neugierig auf schöne, gemeinsam erlebte Erfahrungen.

Neben den alltäglichen Anforderungen gelingt es ihnen, sich Freiräume zu schaffen, in denen sie die spielerischen Seiten des Lebens auskosten. Sie klinken sich für einen Kabarettabend, das Wellness-Wochenende oder einen Spieleabend mit Freunden aus dem Alltagstrott aus und schöpfen neue Kraft für die Beziehung.

♥ Die selbstlose Liebe:

Im Gegensatz zur egoistisch gefärbten Liebe sucht jeder Partner das Beste für den anderen und stellt dessen Bedürfnisse in den Mittelpunkt. Der andere soll sich wohlfühlen. Ihm gilt die besondere Fürsorge. Selbstlose Liebe fragt nicht danach „Was bringt es mir?", sondern „Was kann ich für den anderen tun?". Einer achtet den anderen höher als sich selbst. Die Gefährdung selbstloser Liebe liegt in der Frage, wodurch sie motiviert ist. Geht es mir wirklich um das Wohlergehen des anderen oder verspreche ich mir dadurch etwas zurückzubekommen? „Ich liebe dich, damit du mir gibst, was ich brauche" – selbstlose Liebe kann in eine Abhängigkeitsbeziehung führen.

♥ Die erotische Liebe:

Sie lebt aus der positiven Spannung zwischen Mann und Frau. Erotische Liebe begehrt den anderen um seiner Attraktivität und anziehender Eigenschaften willen. Leidenschaftliche Gefühle stehen im Mittelpunkt. Romantik und erfüllter Sex schaffen eine Atmosphäre intimer Vertrautheit. Stürmische Liebesgefühle haben aber in jeder Partnerschaft ein Verfallsdatum. Verliebtheitsgefühle und knisternde Erotik lassen sich nicht dauerhaft konservieren. Sie nehmen im Laufe der Jahre ab und werden durch eine vertrauensvolle, praxiserprobte partnerschaftliche Liebe abgelöst. Erotische Liebe wird aber immer wieder neu aufflammen, wenn es den Partnern gelingt, eine Spannung aus Neugierde, Abenteuer und positiver Anregung herzustellen.

♥ Die vereinnahmende Liebe:

Aus einem starken Bedürfnis heraus, geliebt und beachtet zu werden, richten die Partner hohe Erwartungen aneinander: „Kümmere dich um mich! Mache mich glücklich! Zeige mir, wie sehr du mich liebst!" Der andere wird vereinnahmt, um einem selbst all das zu geben, was man nicht in sich trägt. Er soll vorhandene Selbstwertdefizite ausgleichen. Besitzergreifende Liebe überfordert

den Partner. Wer für die Wünsche des anderen vereinnahmt wird, verliert die Luft zum Atmen in der Beziehung.

♥ Die pragmatische Liebe:

Sie gründet nicht auf heißen Liebesschwüren, sondern sie stellt die praktische Kooperation der Partner in den Mittelpunkt. „Wie erreichen wir unsere Ziele? Auf welche Weise kannst du mich und ich dich dabei unterstützen?" Pragmatisch Liebende wollen etwas gemeinsam aufbauen, ihren Platz im Leben finden und ihn gemeinsam ausgestalten. Sie kooperieren bei der Einrichtung der Wohnung oder dem Bau eines Hauses. Jeder bringt seine besonderen Fähigkeiten ein, wenn es um die Belange der partnerschaftlichen Ziele geht. Harmonie entsteht aus dem Gefühl heraus, etwas gemeinsam geschafft zu haben.

♥ Spirituelle Liebe:

Unter spiritueller Liebe verstehe ich eine Kraft, die der Partnerschaft durch den Glauben an Gott oder eine höhere Kraft zufließt. Die Partner haben für sich die Erfahrung gemacht, dass sie in der Beziehung an ihre Liebesgrenzen stoßen und einander nicht alles das geben können, was sie gerne möchten. Sie kennen ihre eigenen Schwächen und Fehler. Ernüchtert stellen sie fest, dass sie aus sich selbst heraus nur bedingt lieben können. Aus der Erkenntnis heraus, dass der Partner dem eigenen Leben nicht wirklich Sinn und Hoffnung geben kann, strecken sie sich nach einer höheren, spirituellen Kraft aus. Sie fragen nach einer Qualität von Liebe, die größer und umfassender ist, als sie selbst sie hervorbringen können. Gerade der christliche Glaube lebt aus dem Zuspruch Gottes, von ihm grenzenlos geliebt zu sein und diese empfangene Liebe an den Partner weiterzugeben.

Claudia und Thomas, die acht Jahre miteinander verheiratet sind, beschreiben, welche Glaubensgeschichte sie in ihrer Beziehung erlebt haben: „Rückblickend verlief unsere Lebens- und Ehegeschichte ziemlich turbulent, was Gott und den Glauben angeht.

Wir kommen beide aus Familien ohne einen christlichen oder religiösen Hintergrund. In der ersten Zeit unserer Beziehung haben wir gemerkt, dass wir auf der Suche sind, ohne dass wir genau hätten sagen können, wonach wir suchen: vielleicht auf der Suche nach Gott oder einer höheren Macht, einer letzten Wahrheit.

Wo wir überall reingeschaut haben! Die ganze Palette an kirchlichen und religiösen Gruppierungen haben wir uns angesehen. Unserer Ehe hat es gutgetan, darüber zu reden, was wir dort erlebt haben. Durch den persönlichen Kontakt zu unseren neuen Nachbarn, die uns zu einem Gesprächskreis eingeladen haben, sind wir dann auf die Bibel gestoßen. Mal haben wir beide zusammen darin gelesen, mal jeder für sich. Erst war es nur die offene, herzliche Atmosphäre, die uns in diesem Kreis gutgetan hat. Die authentische Art, den Glauben auch im Alltag zu leben, faszinierte uns. Wir haben in dieser sehr lebendigen christlichen Gemeinschaft unseren Platz gefunden. Und wir erleben, wie gut es auch unserer Beziehung tut, zusammen zum Gottesdienst zu gehen oder auch gemeinsam zu Gott zu beten, was uns im Alltag bewegt."

Alle seelischen und spirituellen Bedürfnisse gründen letztlich auf drei existenziellen Fragen:

1. Woher komme ich?

Um mich in meinem Leben sicher und geborgen zu fühlen, gehe ich auch der Frage nach:

2. Wer hat mich gewollt und gemacht?

Aus existenziellen Fragen ergeben sich schnell andere Fragen: Wer hat mir (außer meinen Eltern) das Leben geschenkt? Bin ich nur ein Zufallsprodukt der Evolution oder als einzigartiges Original von einem Schöpfer ins Leben gerufen?

3. Wozu lebe ich?

Was macht den Sinn meiner Existenz aus? Gibt es für meinen Lebensweg so etwas wie einen Plan oder eine höhere Bestimmung? Wofür lohnt es sich zu leben und wer gibt mir die Kraft dazu?

Wohin gehe ich? Was erwartet mich nach diesem Leben? Geht es weiter oder ist mit dem Tod alles aus? Welche Hoffnungen verbinde ich mit einem Leben nach dem Tod? Wenn es ein „ewiges Leben" gibt – inwieweit hätte diese Tatsache eine Bedeutung für mein Leben hier und jetzt?

Ich halte es für gut, der eigenen spirituellen Sehnsucht nachzuspüren. In der Liebesbeziehung liegt die Chance, über diese Fragen gemeinsam nachzudenken und nach Antworten zu suchen. Die wenigsten Menschen geben an, an überhaupt niemanden und nichts zu glauben. Es scheint, als gehöre die spirituelle Dimension generell zum Menschsein.

Der renommierte Paartherapeut Jürg Willi schreibt dazu:

Es ist die Sehnsucht, das eigene Leben in eine Dimension zu stellen, welche das eigene Ego übergreift, es ist die Sehnsucht, sich einer transzendenten Macht zur Verfügung zu halten. Der Wunsch besteht, ein so risikobehaftetes Unternehmen wie die Ehe dem besonderen Schutz Gottes anheimzustellen und sie über die reine Zweierbeziehung hinaus einem größeren Zusammenhang einzugliedern; das Bedürfnis, der Ehe einen Sinn zu geben, der tiefer geht als das Bestreben, ein zerbrechliches Liebesglück zu bewahren. Auch die Selbstverwirklichung in der Liebe möchte man auf eine umfassendere Perspektive ausrichten. [...] Viele Ehen scheitern, weil die Partner voneinander etwas Absolutes erwarten, ein absolutes Verständnis, eine absolute Liebe, eine absolute Treue. Wer etwas Absolutes vom anderen erwartet, wird enttäuscht werden. Wenn die eheliche Liebe offen ist für die Liebe Gottes, wird sie durch die Unvollkommenheit der Partnerliebe nicht gefährdet, sondern erfüllt. Die Liebe zu Gott verleiht der Unvollkommenheit der Liebe zueinander eine andere Dimension.[2]

---

[2] Jürg Willi: Psychologie der Liebe S. 132.

Wie denkt Ihr über die Aussagen? Was hat zum Beispiel Euer jeweiliges religiöses Denken und Empfinden in der Vergangenheit geprägt? Was haben Eltern und Erzieher an Euch weitergegeben? Gibt es als Paar eine gemeinsame „Glaubensgeschichte"? Wie verhalten sich in Eurer Partnerschaft Selbstverwirklichung und Liebeserwartung zueinander?

Drei Denkanstöße zur Spiritualität können Euer Gespräch über Glaubensfragen anregen:

1. Grenzerfahrungen/Verlusterfahrungen:

Ich begleite immer wieder Paare, die schmerzliche Verluste verkraften müssen: Ein Elternteil stirbt oder eine Familie muss mit dem Tod ihres Kindes fertigwerden. Auch die ernsthafte Erkrankung eines Partners kann in eine existenzielle Krise führen. Ein Paar wird mit Grenzerfahrungen konfrontiert, die das bisherige Leben auf den Kopf stellen und viele Fragen aufbrechen lassen. Grenzerfahrungen und schwere Verluste stellen eine gravierende Belastungsprobe für die Beziehung dar. Sie stürzen die Betroffenen in einen Strudel schmerzlicher Gefühle. Ich unterstütze krisengeschüttelte Paare darin, sich gemeinsam mit ihren Grenzerfahrungen auseinanderzusetzen. Dazu braucht es viel Vertrauen und den Mut, innere Gedanken und Gefühle auszudrücken und ihnen genügend Raum zu geben. Sie können ihren Schmerz mitteilen und miteinander teilen, sich dabei trösten und quälende, unbeantwortete Fragen aushalten.

Solche Grenzerfahrungen zeigen sehr deutlich, ob die bisherigen Überzeugungen und Lebensanschauungen in der Krisenzeit durchtragen. Das alte Glaubensgebäude kann in Grenzbereichen des Lebens erschüttert werden und zusammenbrechen. Zu einem Weg aus der Krise gehört auch die Suche nach dem, was letztlich trägt. Gerade besonders leidvolle Erfahrungen können dazu führen, dass etwa der Glaube an Gott tiefere Wurzeln schlägt. Krisen suchen wir uns nicht aus. Sie kommen uns unvermeidlich entgegen. Manchmal tragen sie eine große Kraft in sich, das Leben und

auch die Partnerschaft reifen zu lassen. Not lehrt viele Menschen beten. Geteiltes Leid schweißt Mann und Frau tiefer zusammen. Wer gemeinsam trauern konnte, wird eines Tages wieder herzhaft miteinander lachen.

2. Werte und Ziele:

Je größer die Übereinstimmungen bei wichtigen Lebenszielen und Grundwerten ist, umso tragfähiger ist die Liebesbeziehung:

- Teilt Ihr die gleichen Überzeugungen im Blick auf Treue?
- Welche Überlegungen leiten Euch im Hinblick auf die Gründung einer Familie?
- Welche Grundüberzeugungen und Maßstäbe möchtet Ihr an Eure Kinder weitergeben?
- Liegen Eure Sichtweisen auf das Leben nahe beieinander?
- Welche spirituellen Bedürfnisse könnt Ihr als Paar miteinander teilen?

Wenn es um Glaubensfragen geht, hat jeder seine ganz individuellen Ansichten und Gedanken. Glaube ist immer etwas sehr Persönliches. Wenn Ihr einen gemeinsamen Glauben teilt, wird Euch das als Paar zusammenschweißen. Aber es ist auch möglich, dass Glaubensüberzeugungen weit auseinanderliegen können. Religiös gemischte Paare benötigen ein hohes Maß an gegenseitiger Toleranz. Die Versuchung ist groß, dem anderen in missionarischem Eifer alles das überzustülpen, was man selbst glaubt. So verständlich dieses Bemühen auch sein mag, es ruft in der Regel Widerstand hervor. Es gibt keine Alternative zu einem offenen Gedankenaustausch über die unterschiedlichen Glaubenshaltungen. So lernen Partner einander besser kennen und verstehen. Keiner drängt dem anderen etwas auf, aber jeder darf, ohne bewertet zu werden, über seinen Glauben reden.

3. Frusterfahrungen:

Die meisten Menschen in unserem Land gehören offiziell einer Religion, Kirche oder Glaubensgemeinschaft an. In der Paartherapie thematisiere ich manchmal religiöse Prägungen und Erfahrungen, die meine Klienten in ihrer Kindheit und Jugendzeit erfahren haben. Dabei berichten einige Paare, dass ihnen ein Glaube und ein Gottesbild vermittelt wurde, die ihnen nicht gutgetan haben. Ein von strenger Gesetzlichkeit bestimmtes Elternhaus kann zur Hypothek für den eigenen spirituellen Weg werden. Wem Gott als Angstmacher oder unnahbares höheres Wesen vermittelt wurde, wird kaum eine persönliche und befreiende Gottesbeziehung entwickelt haben. In vielen Fällen wurde der Glaube als leere Tradition ohne inneres Leben erfahren. Was bleibt, ist ein frustrierendes Gefühl: „Wenn Glaube so aussieht, wie ich ihn bisher erlebt habe, will ich davon nichts mehr wissen!" Ich ermutige dazu, nicht in den Verletzungen und Enttäuschungen der Vergangenheit stecken zu bleiben, sondern einen neuen Horizont im Hinblick auf die eigene Spiritualität zu erschließen.

Welche Art von Glauben würde Dich faszinieren? Wie müsste eine Glaubensgemeinschaft aussehen, zu der Du Dich hingezogen fühlst? Wo befindest Du Dich im Moment auf Deiner „spirituellen Reise"?

4. Stärkende Rituale:

Es gibt unzählige Rituale, die mit einer Liebesbeziehung einhergehen können. Gerade regelmäßige gemeinsame Aktivitäten stärken das Gemeinschaftsgefühl und fördern die partnerschaftliche Kommunikation. Manche Paare verloben sich feierlich, um dadurch ihre Beziehung noch verbindlicher zu gestalten. Die standesamtliche Hochzeit und noch mehr die kirchliche Trauung erfüllen eine beziehungsstärkende Funktion. Die Liebenden geben sich vor Zeugen das „Jawort" und versprechen einander, in Treue und Liebe verbunden zu bleiben. Sie erbitten Gottes Segen für ihre Ehe und den gemeinsamen Weg, der vor ihnen liegt. Zwei, deren Herzen

schon eine ganze Zeit verbunden sind, geben ihrer inneren Liebesbeziehung einen äußeren, sichtbaren Ausdruck in der Traufeier. Ein regelmäßiges Tischgebet oder der Besuch des sonntäglichen Gottesdienstes können zu vertrauten Ritualen werden. Das Gute-Nacht-Gebet mit einem Kind kann eine besonders geschützte Zone sein, in der noch einmal die zurückliegenden Ereignisse des Tages kindgerecht verarbeitet und dem „lieben Gott" anvertraut werden.

Viele Paare entwickeln für sie bedeutsame Rituale zu besonderen Jahrestagen, die für ihre Beziehung von Bedeutung sind. Sie erinnern damit an den ersten Tag der Liebe und feiern jedes Jahr neu den Beginn der Partnerschaft. Der Hochzeitstag wird gebührend gefeiert und kann mit einem bestimmten Brauch verbunden werden, wie beispielsweise ein schickes Essen zu zweit oder indem eine Miniversion der Hochzeitstorte alljährlich gebacken und verzehrt wird. Rituale dienen als Gedächtnisspeicher. Sie erhalten die gemeinsam erlebte Geschichte wach und führen die Beständigkeit der Beziehung vor Augen.

Ich kenne einige Ehepaare, die jedes Jahr ein Seminar besuchen, bei dem es um Beziehungsthemen geht. Diese Art von Weiterbildung ist für sie ein fester Bestandteil der Jahresplanung.

Stärkende Rituale können auch regelmäßige Besuche eines besonderen Ortes sein. Einige Paare haben eine „Stadt ihrer Liebe" auserkoren, die sie regelmäßig besuchen, wenn sie wieder einmal eine Auszeit vom gehetzten Alltag benötigen.

Entscheidend für besondere partnerschaftliche Rituale ist die große Freiheit, in der sie durch das Paar selbst mit Sinn und Leben erfüllt werden. Mann und Frau entscheiden selbst darüber, welche Bedeutung ihnen individuell beigemessen wird.

Liebe im christlichen Sinn ist eine starke Macht, die vom Himmel her unser Leben durchdringt und erhellt. Sie ist ein Geschenk, das Mann und Frau im alltäglichen Paarleben auspacken können.

Ein Text aus dem Neuen Testament der Bibel beschreibt auf faszinierende Weise, was spirituelle Liebe beinhaltet:

Ohne Liebe bin ich nichts. Selbst wenn ich in allen Sprachen der Welt, ja mit Engelszungen reden könnte, aber ich hätte keine Liebe, so wären alle meine Worte hohl und leer, ohne jeden Klang, wie dröhnendes Eisen oder ein dumpfer Paukenschlag.

Könnte ich aus göttlicher Eingebung reden, wüsste alle Geheimnisse Gottes, so könnte ich seine Gedanken erkennen und hätte einen Glauben, der Berge versetzt – aber mir würde die Liebe fehlen, so wäre das alles nichts.

Selbst wenn ich all meinen Besitz an die Armen verschenken und für meinen Glauben das Leben opfern würde, hätte aber keine Liebe, dann wäre alles umsonst.

Liebe ist geduldig und freundlich. Sie kennt keinen Neid, keine Selbstsucht, sie prahlt nicht und ist nicht überheblich. Liebe ist weder verletzend noch auf sich selbst bedacht, weder reizbar noch nachtragend. Sie freut sich nicht am Unrecht, sondern freut sich, wenn die Wahrheit siegt. Diese Liebe erträgt alles, sie glaubt alles, sie hofft alles und hält allem stand.

[...]
Einmal aber werden wir Gott sehen, wie er ist. Jetzt erkenne ich nur Bruchstücke, doch einmal werde ich alles klar erkennen, so deutlich, wie Gott mich schon jetzt kennt. Was bleibt, sind Glaube, Hoffnung und Liebe. Die Liebe aber ist das Größte.[3]

---

[3] 1. Korinther 13, 1-7 und 12–13, zitiert nach der Bibelausgabe „Hoffnung für alle".

8 Herkunftsfamilie und Partnerschaft

Aus den Schatten der Kindheit treten

Die Fernsehserie „Unsere kleine Farm" startete 1976 im deutschen Fernsehen und faszinierte ein Millionenpublikum. In 210 Episoden wurde das Schicksal der Familie Ingalls Ende des 19. Jahrhunderts in Minnesota, im mittleren Westen der USA, geschildert. Sie berührte viele Menschen. Die Familie Ingalls ackert und rackert sich ab und lebt dennoch in einer heilen Familienidylle voller Wärme, Zärtlichkeit und Menschlichkeit. Familienvater Charles ist ein hilfsbereiter und gottesfürchtiger Mann, der mit viel Liebe und einer natürlichen Autorität seiner rein weiblichen Familie vorsteht. Mit seiner Frau Caroline und den Töchtern Mary, Laure, Carrie und Grace lebt er auf einer kleinen Farm. Caroline, die früher als Lehrerin tätig war, legt großen Wert auf eine gute Schulbildung ihrer Töchter, unterstützt sie in allen Belangen und ist das liebevolle Herz der Familie. Die zentrale Botschaft der Familienserie lautet: „Wir halten als Familie eng zusammen und meistern mit Gottvertrauen, Ehrlichkeit und Fleiß die Probleme des Lebens!" Auch dann, wenn Familie Ingalls in große Schwierigkeiten gerät, geschieht immer eine Wende zum Guten.

Am gleichen Ort leben die Olesons, ganz das Gegenteil von den Ingalls. Ihnen gehört der örtliche Kaufmannsladen. Ihre Familienatmosphäre ist giftig und wird von einem rauen Umgangston bestimmt. Die Kinder Nelly und Willie sind verwöhnt und verzogen. Habgier, Neid und Mobbing bestimmen ihr Leben. Vater Olesen ist zwar ein herzensguter Mann, kann sich aber überhaupt nicht in seiner Familie durchsetzen.

Die Welt der Ingalls und der Olesens prallen heftig zusammen und es kommt zu vielen Auseinandersetzungen, wobei immer klar ist, wer die Guten und wer die Bösen sind.

In „Unsere kleine Farm" geht es um eine heile und um eine instabile Familienwelt, unterschiedliche Wertvorstellungen und die Frage, was man als Eltern seinen Kindern mit ins Leben gibt.

Nun ist keiner von uns in einer absolut heilen Familienidylle aufgewachsen und niemand hat nur schlechte Erfahrungen in seinem Elternhaus gemacht. Jeder hat Gutes und weniger Gutes aus seiner Herkunftsfamilie mitbekommen. Bestimmte Werte, Fähigkeiten und gute Vorbilder haben uns dabei geholfen, unser Leben gut zu meistern. Aber wir haben in der Familie, aus der wir kommen, auch negative Erfahrungen gesammelt, wurden verletzt oder auf weniger gute Weise geprägt. Diese Hypothek lastet bis heute auf unseren Schultern. Kindheitsprägungen werfen ihre Schatten bis heute auf unsere Partnerschaft oder Ehe. Paarbeziehungen stehen stärker unter den Einflüssen der Herkunftsfamilie, als die meisten Menschen vermuten. Bestimmte Prägungen begleiten Männer und Frauen ein Leben lang und können kaum abgeschüttelt werden. Wenn die Herkunftsfamilie auch nur ein Faktor neben vielen anderen ist, die für das Gelingen oder Scheitern einer Partnerschaft verantwortlich sind, so besitzt sie doch einen besonderen Stellenwert. Wenn eine Liebesbeziehung scheitert, stecken in vielen Fällen negative Erfahrungen aus dem Elternhaus dahinter. Umgekehrt erweisen sich positive Prägungen aus dem Elternhaus, empfangene Liebe und stärkende Unterstützung als lebenslanges Kapital für gute Beziehungen.

Wie wirken sich negative Erfahrungen auf die Partnerschaft aus?

Um diese Frage zu beantworten, möchte ich einige bedeutsame Zusammenhänge zwischen den in der Kindheit erlittenen Verletzungen und aktuellen Paarproblemen plausibel machen.

Als Du in diese Welt hineingeboren wurdest, warst Du weitgehend wie ein unbeschriebenes Blatt. Als Baby warst Du ganz Du selbst: unverstellt, authentisch und Persönlichkeit pur. Du zeigtest Deine Gefühle, ohne darüber nachzudenken. Du weintest, wenn Du hungrig warst, lachtest, wenn Du Dich wohl fühltest, und

schliefst selig ein, wenn Du müde wurdest. Bei einem Baby wirkt so faszinierend, dass es nicht schauspielert und sich nicht verstellt. Es zeigt ganz ungeschützt seine Persönlichkeit.

Das Herz symbolisiert den Kern Deiner Persönlichkeit und das, was Dich im tiefsten Inneren ausmacht.

Im Laufe der ersten Lebensjahre machtest Du die Erfahrung, verletzt, übersehen oder ungerecht behandelt zu werden. Kränkungen waren mit negativen Gefühlen verbunden. Um Dein Innerstes zu schützen, ließest Du Schutzschichten um Dein Herz herum wachsen. Diese Schutzreaktionen setzen sich fort bis ins Jugendalter. Je schmerzlicher bestimmte Erfahrungen von Dir erlebt wurden, umso dicker und undurchdringlicher wuchsen die Schutzschilde. Du hattest schon sehr früh gelernt, Dich nicht völlig schutzlos zu geben und damit den Reaktionen nahestehender Menschen ausgeliefert zu sein.

Die schmerzlichen Gefühle und Erinnerungen wie etwa Angst, Ablehnung, Schamgefühl oder Trauer blieben sozusagen unter der Haut haften.

Neben dem starken Bedürfnis nach Schutz wurdest Du von dem Wunsch geleitet, von anderen Menschen geliebt und anerkannt zu werden. Du fandest schnell heraus, wie Du Dich zeigen und verhalten musstest, damit andere dir wohlwollend begegneten. Dazu entwickeltest Du feine Antennen für die Erwartungen Deiner Umgebung. Du lerntest, Dich anzupassen: Die Mauern des Herzens sind also von einer verformbaren Masse umgeben, was wir mit einem wellenförmigen Kreis illustrieren können:

Auf diese Weise lerntest Du in Deiner Kindheit und Jugend, Dich zu schützen und anzupassen. Diese beiden Strategien führten allerdings auch dazu, dass Dein innerstes Herz für andere verborgen blieb. Dazu kam das Gefühl, tief innen einsam zu sein. Die Sehnsucht, dass ein anderer Mensch Dich so sieht und erkennt, wie Du wirklich bist, Dich liebt und als eine ganz besondere Persönlichkeit behandelt, begleitete Dich bis ins heutige Erwachsenenalter. „Mein Herz ersehnt bedingungslose Liebe, ohne dass ich

mich übermäßig schützen und anpassen muss. Ich suche nach dem liebenden Gegenüber, dem ich mich endlich öffnen kann."

Wenn sich Mann und Frau ineinander verlieben, geschieht etwas Wundersames: Beide öffnen ihre Schutzschichten füreinander. Jeder lässt den anderen auf den Grund seiner Seele schauen. Verliebte kommen einander emotional und körperlich nahe. Sie verspüren eine tiefe Vertrautheit und haben das Gefühl, sich schon viel länger zu kennen. Einsamkeit wandelt sich in Zweisamkeit. Wer ein verliebtes Paar beobachtet, gewinnt sehr schnell den Eindruck, dass beide wie von einem unsichtbaren Band verbunden tiefe Vertrautheit ausstrahlen.

Die Magie der Verliebtheit besteht darin, einander zu erkennen und die liebenswerten Seiten des Du im Blick zu haben, miteinander zu verschmelzen, sich als eine Einheit zu fühlen, erfüllt von positiven Emotionen. „Endlich kann ich mich zeigen, wie ich wirklich bin, und einem anderen Menschen tief in die Augen und Seele schauen."

In der Verliebtheitsphase neigen beide dazu, die Ecken und Macken des anderen weitgehend auszublenden. Sie passen sich einander an und heben ihre besten Seiten hervor. Die ersten Monate einer großen Liebe werden für die Zukunft der Partnerschaft ein wertvoller Schatz bleiben. Die Phase der Verliebtheit dauert leider nicht ewig an. Sie hat ein Verfallsdatum. Romantische und rauschhafte Liebesgefühle lassen sich nicht konservieren. Im besten Fall führt Verliebtheit zu einer verbindlichen, von Vertrauen und Sicherheit getragenen Partnerschaft, in der beide gelernt

haben, miteinander im Alltag zu kooperieren, füreinander einzustehen und als liebevolle Gefährten einen gemeinsamen Weg zu gehen.

Durch die intime Nähe zum Partner werden früher oder später die aus der Kindheit rührenden alten Verletzungen und negativen Gefühle sozusagen hervorgespült. Immer dann, wenn wir einen Menschen sehr nahe an uns herankommen lassen, kommen wir auch in Berührung mit den „Baustellen" unserer Kindheit. In uns verborgen liegende Gefühle der Angst, Ablehnung, Trauer oder Minderwertigkeit werden durch die Partnerschaft angestoßen und für uns deutlich wahrnehmbar.

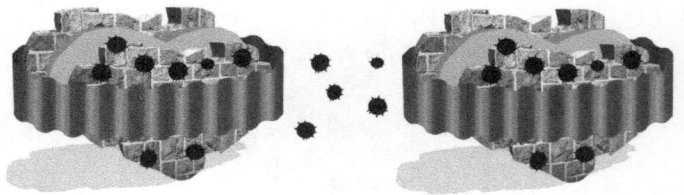

Weil der Partner an meine alten Baustellen und Schmerzen rührt, glaube ich, dass er in mir diese Gefühle erzeugt und dafür verantwortlich ist, wenn ich mich abgelehnt, ungeliebt oder angegriffen fühle. In Wahrheit löst er diese Kindheitsgefühle nur in mir aus. Sie existieren schon lange unter der Oberfläche meiner Persönlichkeit. Ich habe die Wunden meiner Kindheit in die Partnerschaft mitgebracht. Durch unsere enge Beziehung treten sie machtvoll hervor und können sich sehr belastend und krisenhaft auf unsere Partnerschaft auswirken.

Die gute Nachricht lautet: Mein Partner ist nicht für die Wunden und negativen Gefühle meiner Kindheit verantwortlich. Er löst sie nur aus, nicht in böser Absicht, sondern weil er mir dauerhaft sehr nahe ist. Diese Erkenntnis wirkt ungeheuer befreiend. Ich muss meinem Partner nicht länger anlasten, dass ich mich in bestimmten Situationen schlecht fühle. Er ist nur Auslöser, nicht Verursacher.

Die große Herausforderung liegt darin, dass jeder für sich innere Verletzungen aus der Vergangenheit anschaut und bearbeitet. Die Arbeit an „alten Baustellen" kann nur jeder für sich allein leisten. Wer seine negativen Kindheitserfahrungen verdrängt, statt sich ihnen zu stellen, wird weiter von ihnen bestimmt. Partnerschaft zu leben, d. h., den Alltag zu meistern und miteinander klarzukommen, erfordert schon eine gehörige Portion Kraft. Wenn aber die beschriebenen Altlasten aus der Vergangenheit unbearbeitet bleiben, werden sie zur Zerreißprobe für die Liebesbeziehung.

Beispiel: Die Geschichte von Mark

Mark wuchs in einer Familie auf, in der er schon sehr früh lernen musste, seine innersten Gedanken und Gefühle zu verbergen. Wiederholt hatte er erlebt, wie zum Beispiel seine Mutter ihn mit Liebesentzug bestrafte, wenn er seinen Ärger gezeigt hatte oder etwas nicht tun wollte, was die Mutter erwartete. Die Ablehnung durch die Mutter war für ihn unerträglich, sodass er sich entschied, es der Mutter möglichst recht zu machen. Ärger schluckte er hinunter und stellte seine eigenen Bedürfnisse sehr schnell hintenan, wenn er befürchten musste, dass die Mutter sie abschmettern würde. Er hatte nicht gelernt, offen auszusprechen, was ihm missfiel und was er gerne anders hätte. Statt offen seinen Ärger in bestimmten Situationen zu zeigen, verfiel er in ein beleidigtes Schweigen und nahm einen versteinerten Gesichtsausdruck an. Seine Mutter und Geschwister reagierten darauf, indem sie sich von der „beleidigten Leberwurst", wie sie ihn nannten, zurückzogen.

Mitte Zwanzig lernte Mark eine liebevolle und warmherzige Frau kennen, die eine gesunde Portion Selbstbewusstsein besaß und klar ausdrücken konnte, was sie wollte und was nicht. Mark fühlte sich in der Anfangszeit ihrer Liebesbeziehung angenommen und ernst genommen wie nie zuvor in seinem Leben. Er öffnete sein Innerstes und zeigte seine wahren Gefühle. Mark lebte spürbar auf. Sie heirateten und im dritten Ehejahr nahmen die Konflikte zwischen beiden zu. Wenn Mark sich von seiner Frau übersehen fühlte oder mit etwas

nicht einverstanden war, sprach er es nicht offen an, sondern zog sich beleidigt ins Schneckenhaus zurück. Seine Frau bemerkte zwar, dass er irgendwie sauer reagierte, konnte sein Verhalten aber nicht richtig einordnen und deuten. Bisher hatte sie immer wieder in solchen Momenten geduldig nachgefragt, was denn los sei, und Mark hatte schließlich darüber gesprochen, welche Laus ihm über die Leber gelaufen war. Aber inzwischen war seine Frau müde geworden, ihren Mann immer wieder aus der Reserve locken zu müssen.

Sein beredtes Schweigen ging ihr zunehmend auf die Nerven. Weil sie selbst sehr klar über ihre Wünsche reden konnte, erwartete sie Gleiches auch von ihrem Mann. Mark zog sich weiter von ihr zurück und fühlte sich in seinen Bedürfnissen übersehen. Er hatte sich seiner Frau zu sehr angepasst – aus Angst vor Ablehnung und Liebesentzug. Seine Kindheitserfahrungen hatten ihn ja gelehrt, dass seine Meinung nicht zählte und er kein Recht hatte, offen seinen Ärger zu zeigen. Mark nahm es seiner Frau übel, wenn sie nicht feinfühlig genug war, seine Wünsche automatisch zu erkennen. Sie wiederum fühlte sich durch sein Zurückziehen gekränkt und bekam Schuldgefühle, weil sie meinte, sich falsch verhalten zu haben.

Erst als Mark sich seinen Kindheitserfahrungen in therapeutischen Gesprächen stellte und die Prägungen durch seine Mutter erkannte, begann ein langsamer Veränderungsprozess. Er hatte verstanden, dass er lernen musste, verantwortlich für seine Wünsche einzutreten. Das Reaktionsmuster „beleidigte Leberwurst" lernte er durch klarere Ansagen an seine Frau zu ersetzen. Er verstand allmählich, dass sie – anders als seine Mutter – auf positive Weise auf seine Bedürfnisse eingehen würde. Und sollte er sich genervt oder ärgerlich fühlen, würde sie ihn eben nicht mit Liebesentzug strafen, sondern sich fair mit seiner Kritik auseinandersetzen.

Auch wenn es ein andauernder Prozess blieb, die Baustelle der Kindheit geduldig zu bewältigen, gelang es Mark immer besser, seiner Frau auf Augenhöhe zu begegnen und, statt sich gekränkt zurückzuziehen, den offenen Austausch mit ihr zu suchen. Dadurch entspannte sich ihre Partnerschaft merklich.

Praxis-Übung: Familienaufstellung mit Bonbons

Ihr benötigt viele verschiedene Bonbons, die Ihr auf einem Tisch oder Boden auslegt. Wählt jeweils für die Mitglieder Eurer Herkunftsfamilie ein entsprechendes Bonbon aus. Für die Großeltern, Eltern, Stiefeltern, Geschwister, Tanten und Onkel. Für Nichtfamilienmitglieder, die in Eurer Kindheit und Jugend eine Rolle spielten, können zusätzliche Bonbons verwendet werden. Geht in der Erinnerung in die Zeit des Kindergartenalters zurück und stellt die entsprechenden Personen so auf, wie Ihr es in Eurer Wahrnehmung erlebt habt. Wer stand wem näher? Zwischen welchen Personen herrschte größerer Abstand? Wenn Ihr diese Aufgabe gemeinsam für zwei Herkunftsfamilien gemacht habt, bietet es sich an, anschließend darüber zu sprechen, wie es Euch mit der Familienaufstellung geht und welche Besonderheiten Ihr entdecken könnt.

In der Folge könnt Ihr diese Aufstellung wiederholen für die Zeit der Grundschulde und auch die Eurer Pubertät. Welche Veränderungen haben sich im Laufe der Kindheitsjahre ergeben? Welche Personen rückten zum Beispiel näher zusammen? Wer ist gestorben und wie veränderte das die Konstellation?

Am Ende der verschiedenen Familienaufstellungen könnt Ihr Eure ideale Herkunftsfamilie aufstellen. Welchen Platz hättet Ihr in der Familie besonders gerne eingenommen? Welche Auswirkungen hätte es auf Dein und Euer Leben gehabt, wenn Du in Deiner Idealfamilie aufgewachsen wärest? Was wäre dann heute alles anders?

Die Mitgift aus dem Elternhaus:

Die Eltern (und Stiefeltern) haben Euch geprägt ...

- durch ihre Art, Partnerschaft zu leben.
- indem wir ihnen abgeschaut haben, wie sie mit Konflikten umgegangen sind.
- durch ihre Art, zu kommunizieren.
- indem sie uns ein männliches und weibliches Rollenbild vermittelt haben.
- durch ihren Umgang mit Belohnen und Bestrafen.
- indem sie uns trainiert haben, wie man mit starken Gefühlen, wie Angst, Trauer und Aggression, umgehen soll.
- durch ihren Umgang mit körperlicher und seelischer Nähe und Distanz.
- indem sie zumeist unausgesprochene Botschaften zur Sexualität vermittelten.
- indem Sie unser Selbstbild entscheidend geformt haben.
- durch die Werte, die vermittelt und vorgelebt wurden.
- indem sie uns gezeigt haben, wie gut oder schlecht man mit Problemen und Krisen umgehen kann.
- indem sie uns ein bestimmtes Lebensgefühl mit auf den Weg gegeben haben.
- indem sie uns unterschwellig vermittelt haben, wie sicher wir uns in zwischenmenschlichen Beziehungen fühlen können.

Bildlich gesprochen sind Väter und Mütter so etwas wie Fremdenführer in der Wüste für uns gewesen. Ihre Aufgabe bestand darin, uns die schönen und gefahrvollen Seiten eines Lebens in der Wüste nahezubringen, uns Oasen zu zeigen, aber auch gefährliche Sandstürme zu überleben. Sie haben uns gelehrt, wie wir unseren eigenen Weg finden können, Probleme zu meistern und das Leben zu genießen.

Je kleiner und jünger wir als Kinder waren, umso mehr benötigten wir ihre Nähe. Je älter wir wurden, umso größer wurden auch die Spielräume, die sie uns gewährten. Ihre elterliche Aufgabe bestand darin, da zu sein, wenn wir sie gebraucht haben: Sie sollten Gefahren abwenden, in Ängsten Mut zusprechen, bei Traurigkeit trösten und nicht müde darin werden, uns zu vermitteln: „Du schaffst das schon und wenn du Hilfe brauchst, sind wir da!"

Aber wir brauchten auch ihre Erlaubnis, eigene Grenzen auszutesten, Freiräume für eigene Abenteuer. Sie sollten sich heraushalten, wenn sie nicht gebraucht wurden. Nur so konnten wir unsere Stärken und Fähigkeiten entdecken, austesten und ein gesundes Selbstvertrauen entwickeln. Nicht zuletzt verdienten wir es, dass die Eltern uns klare Grenzen gesetzt haben, an denen wir uns reiben konnten. Sie setzten sich durch, wenn es nötig war, und haben uns nicht uns selbst überlassen.

Die mütterliche Erziehungsverantwortung bestand darin, uns als Kindern das Gefühl zu geben, bedingungslos geliebt zu sein. Unabhängig davon, was wir geleistet oder wie wir uns verhalten haben. Wer diese mütterliche Liebe erfahren hat, wird sich im Erwachsenenleben für einen liebenswerten Menschen halten. Blieb diese Liebe aber aus, begleiten uns anhaltende Zweifel daran, wirklich liebenswert zu sein, so wie wir sind.

Väterliche Erziehungsaufgabe war es, unser Rückgrat zu stärken und ein gesundes Selbstvertrauen zu vermitteln: „Ich zeige dir, wie man Probleme angeht und Herausforderungen meistert. Versuche es selbst! Ich glaube an dich! Und wenn du Hilfe brauchst, bin ich da, um dir den Rücken zu stärken!" Wenn Vater uns diese ermutigende Botschaft vermittelt hat, gehen wir mutig und aufrecht durchs Leben und vertrauen uns selbst und unseren Fähigkeiten.

Idealerweise können Mütter und Väter ihren Kindern eine große Portion gesunde Selbstliebe und Selbstvertrauen mitgeben.

Aber wir haben keine idealen Mütter und Väter erlebt. Als Wüstenführer hatten sie Stärken und Schwächen und konnten auch nur das weitergeben, was sie selbst durch ihre Eltern empfangen

und gelernt hatten. Die Summe aller Erfahrungen und Prägungen in der Herkunftsfamilie hat das Navigationsgerät, mit dem wir durch unser Leben gehen, entscheidend mitprogrammiert.

Nach diesem Navi-Programm richten wir uns auch in der Partnerschaft. Manche Programmierungen erweisen sich als hilfreich, um eine erfüllte Liebesbeziehung zu leben, andere dagegen leiten uns in der Partnerschaft fehl und führen in die „Beziehungs-Sackgasse".

Eine wichtige Voraussetzung für gelingende Partnerschaft ist die Auseinandersetzung mit der eigenen Herkunftsfamilie. Negative Prägungen und partnerschaftsfeindliche Verhaltensmuster, die wir aus Kindheit und Jugendzeit im „Rucksack" mit uns tragen, werden früher oder später in der Zweierbeziehung zutage treten und sie belasten. Aus diesem Grund ist die Reflexion über die eigene Herkunftsfamilie eine lohnende Aufgabe.

Praxis-Übung:
Die Chronik meiner Herkunftsfamilie

Für diese Aufgabe benötigt Ihr einen großen Bogen Papier und Stifte mit unterschiedlichen Farben. Um diese Übung angemessen durchführen zu können, benötigt Ihr viel Zeit. Es lohnt sich, über einige Wochen hinweg daran zu arbeiten. Jeder erarbeitet sie für sich, ein wechselseitiger Austausch ist aber jederzeit möglich.

Erstelle die Chronik aller wichtigen Daten und Ereignisse Deiner Herkunftsfamilie. Verwende jeweils einen Bogen für die Herkunftsfamilie Deiner Mutter, Deines Vaters und Deiner eigenen. Beginne mit der Geburt Deiner Großeltern mütterlicherseits. Notiere alles in zeitlicher Abfolge, was Du von ihnen weißt (Geburtsdatum, Beruf, Geschwister, Lebensumstände, Wohnort usw.). Ergänze die Chronologie durch Wesenszüge und Eigenschaften der aufgeführten Personen. Alles das, woran Du Dich erinnerst oder was Du vom Hörensagen weißt, kannst Du entsprechend einfügen.

Im zweiten Übungsschritt geht es um die Herkunftsfamilie väterlicherseits. Alle bekannten Ereignisse und Umstände aus dem Leben des Vaters, seiner Geschwister und Eltern werden auf einem zweiten Papierbogen festgehalten. Als Letztes dokumentierst Du die Fakten, Entwicklungen und Besonderheiten Deiner eigenen Herkunftsfamilie beginnend mit dem Zeitpunkt, zu dem sich Deine Eltern kennengelernt haben.

Die folgenden Fragen können bei Deiner Detektivarbeit zu wichtigen Ergänzungen beitragen:

- *Welche Schulwechsel, Umzüge, berufliche Veränderungen, Krankheitszeiten, Verlusterfahrungen gab es in den Herkunftsfamilien?*
- *Wie waren oder sind die Beziehungen der Familienmitglieder in ihrer Qualität?*
- *Wie hast Du Dich in den unterschiedlichen Lebensphasen (Vorschulzeit, Grundschulzeit, Pubertät) in der Familie gefühlt?*
- *Welche Ereignisse erinnerst Du positiv, welche negativ?*
- *Welche Erfolge und Niederlagen haben die Familienangehörigen erlebt?*
- *Welche Erfolge und Niederlagen hast Du selbst erlebt?*

Wenn die Chronik der Herkunftsfamilie fertiggestellt ist, geht es um folgende Fragen:

- *Welche Ereignisse oder Gefühle aus Deiner Familie wirken in Deinem Leben bis in die Gegenwart nach, sei es auf positive oder auch negative Weise?*
- *Welche Aspekte Deiner Familiengeschichte erlebst Du bis heute als belastend?*
- *Welche Erfahrungen aus der Vergangenheit spiegeln sich heute in Deiner Partnerschaft wider?*

- *Welche Gefühle, die Du mit Deiner Partnerschaft verbindest, sind Dir aus Kindertagen vertraut?*

- *Wenn Du auf aktuelle Probleme und Konflikte in Deinem Leben schaust – welche tauchen in ähnlicher Weise in der Familienchronik auf?*

- *Welche Aspekte der Kindheit wiederholen sich in Deiner momentanen Lebenssituation und welche Aspekte sind völlig anders als in der Herkunftsfamilie?*

Wenn Du diese Aufgaben und Fragestellungen erarbeitet hast, besitzt Du eine große Stofffülle, über die sich ein Austausch mit Deinem Partner sehr lohnen wird. Erzähle von Deinen familiären Wurzeln und beschreibe, was Dich geprägt hat. Du kannst Deinen Partner auch darum bitten, aus seiner Sicht einige Linien zu nennen, die aus Deiner Kindheit in die Gegenwart führen.

Praxis-Übung: Behalten und Zurückgeben

*Nach der Reflexion über die eigene Geschichte und Herkunfts-
familie stellt sich zwangsläufig die Frage, wie Du nach vorne ge-
richtet mit Deinen Prägungen und Erfahrungen umgehen willst. Die
Familienchronik enthält Erfahrungen, Überzeugungen und Prägun-
gen, die sich für Deine Entwicklung bis heute als gut erwiesen haben.
Es gibt einiges, wofür Du zum Beispiel Deiner Mutter und Deinem
Vater „Danke" sagen kannst. Solch eine Dankesliste könnte folgende
Punkte enthalten:*

- *materielle Versorgung*
- *Gefühl für schöne Dinge*
- *Fürsorge bei Krankheit*
- *Vermittlung der Liebe zu Hunden/Haustieren*
- *Vermittlung von Werten wie z. B. ehrlich durchs Leben zu
gehen*
- *Fähigkeit, dem Partner zu verzeihen*
- *Freundschaften pflegen*
- *Vermittlung von handwerklichem Geschick*
- *Hartnäckigkeit*
- *aufrechte Haltung, auch wenn es schwierig wird*
- *Fähigkeit zur Konfliktlösung*
- *Ermöglichung des Musikunterrichts*

*Alle guten Prägungen und vermittelten Werte gehören in die
„Schatzkiste der Kindheit". Sie soll Dich auf Deinem weiteren Weg
begleiten und manches davon kannst Du selbst wieder an Deine
Kinder weitergeben. Es kann auch eine sehr starke und berührende
Begegnung mit Deinen Eltern geben, wenn Du Dich bei ihnen für das
bedankst, was sie Dir Gutes mitgegeben haben.*

*Du wirst aber auch auf Prägungen und Einflüsse stoßen, die Dir
nicht gutgetan haben. Dazu zählen zum Beispiel negative Verhaltensweisen der Eltern, die Du Dir anders gewünscht hättest. Bestimmte*

Wertmaßstäbe hast Du als einengend und lebenserschwerend erlebt. Probleme in der Partnerschaft Deiner Eltern haben Dich belastet und Du hast Dir die Schuld dafür gegeben. Welche Punkte enthält Deine Negativ-Liste? Schreibe alle Negativ-Faktoren in Briefform auf. Du kannst Deinen Brief an Vater oder Mutter mit folgenden Worten beginnen: „Liebe Mutter, es gibt viele Dinge, für die ich Dir sehr dankbar bin. Ich konnte in meiner Kindheit aus guten Quellen schöpfen. Aber es gibt auch Prägungen, die mein heutiges Leben einengen und belasten. Ich denke zum Beispiel an _____*!*

Diesen Ballast will ich nicht länger auf meinen Schultern tragen. Ich gebe ihn an dich zurück!"

Dieser Brief an die Eltern hilft Dir dabei, die eigene Geschichte besser zu verarbeiten und in Worte zu fassen, was nicht gut für Dich war. Nur das, was wir aussprechen, können wir auch bearbeiten und bewältigen. Den Brief solltest Du für Dich schreiben und nicht an Deine Eltern abschicken. Wenn Du das starke Gefühl hast, ihnen das eine oder andere sagen zu müssen, wähle die direkte Möglichkeit einer persönlichen Aussprache.

Partnerschaft genießt Priorität

Der wichtigste Raum in Eurem Lebenshaus ist das Paarzimmer. Es steht für gemeinsame Zeit, kuschelige Zweisamkeit, für das Schmieden von Zukunftsplänen, vertrautes Reden und Streiten, Lachen und Leichtigkeit. Euer Paarzimmer genießt Priorität vor allen anderen familiären Beziehungen. Partnerschaft geht vor Elternschaft. Auch wenn Kinder sehr viel Zeit und Aufmerksamkeit ihrer Eltern verdienen und einfordern, müssen ihnen klare Grenzen gesetzt werden.

Die elterliche Botschaft an die Kinder lautet: „In unserem Paarzimmer wollen wir alleine sein, es gehört unserer Beziehung und ist ausschließlich für uns reserviert!" Praktisch bedeutet das, sich als Paar immer wieder zeitliche Freiräume zu schaffen, einen

Babysitter zu engagieren oder Wochenenden ohne die Kinder zu genießen.

So wichtig wie die Abgrenzung zu den Kindern ist sie auch den Eltern sowie den Schwiegereltern gegenüber. Jemand hat einmal gesagt: „Eltern sind gut für einen Nachmittagskaffee und besser noch, wenn sie dann wieder aufbrechen." Die elterliche Sorge um ihre Kinder und Enkel muss klare Grenzen kennen. Eltern und Schwiegereltern haben in Eurer Partnerschaft nichts zu suchen, sie dürfen sich nicht einmischen oder Koalitionen mit ihrem Kind gegen den Partner bilden. Sollte sich ein Partner oder gar beide nicht genügend von ihrem Elternhaus abgenabelt haben, sind jede Menge Probleme vorprogrammiert.

Wer noch zu sehr in seiner Herkunftsfamilie verwurzelt ist, wird sich letztlich nur halbherzig auf die eigene Partnerschaft und Familie konzentrieren. Er steht immer zwischen den Stühlen und wird versuchen, es allen recht zu machen, und daran scheitern. Die Eltern des Partners, ja seine gesamte Familie hast Du Dir nicht ausgesucht. Du kannst nur versuchen, sie kennen- und respektieren zu lernen. Du musst mehr oder weniger mit ihnen leben. Die Familie des Partners lebt nach anderen Regeln, lacht über andere Witze, pflegt eine andere Streitkultur als Deine. Es ist nicht verwunderlich, wenn Du als neues Familienmitglied auf Widerstand stößt und aneckst. Damit Du in der Familie Deines Partners aber nicht in eine Außenseiterposition abgedrängt wirst, brauchst Du seine uneingeschränkte Unterstützung und Loyalität. Liebende haben die Aufgabe, einander gegen unangemessene Einmischungen aus der Herkunftsfamilie zu schützen. Klare Abgrenzungen sind nötig, wenn die eigenen Eltern den Partner ablehnen: „Wenn du meine Frau auf so eine verletzende Art und Weise behandelst, verletzt du mich auch. Wenn ihr sie nicht respektiert, ziehen wir uns zurück!"

Folgendes Genogramm veranschaulicht den Abstand zwischen den Generationen und die gestrichelte Linie verdeutlicht die Notwendigkeit zur Abgrenzung zwischen den Generationen:

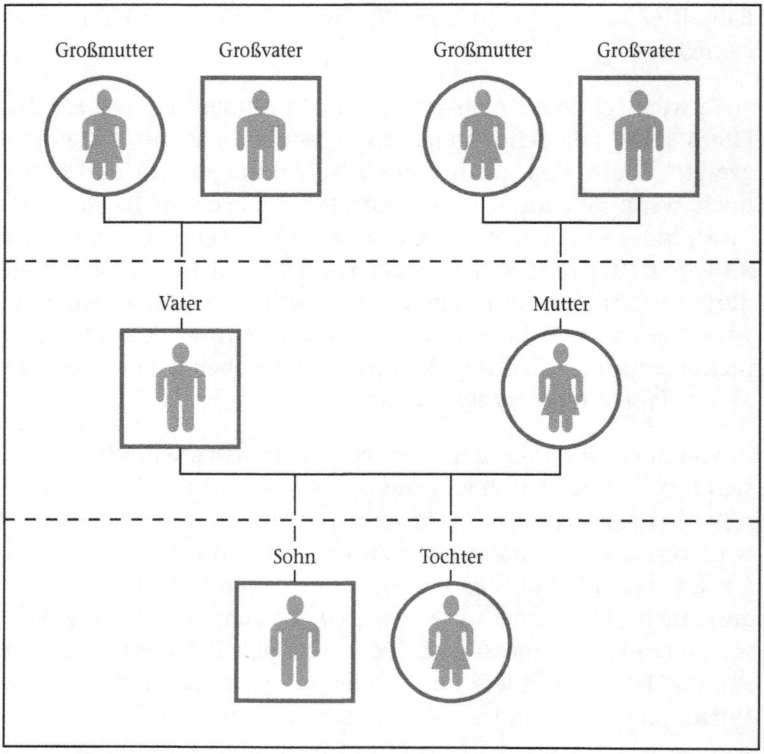

| Großmutter | Großvater | | Großmutter | Großvater |

| Vater | | Mutter |

| Sohn | Tochter |

Zusammengefasst bleibt für Euch die Aufgabe, die Zweierbeziehung gegen alle Angriffe und Einmischungen von außen zu verteidigen. Eine gesunde räumliche und emotionale Distanz zu den Eltern wirkt manchmal Wunder. Gesteht Euch als Liebende zu, dass es zwei Familien im Hintergrund gibt, die einen bedeutsamen Teil Eures Lebens ausmachen. Arbeitet an einem stabilen Wir-Gefühl, das Euch verbindet und loyal macht. Scheut Euch nicht davor, gemeinsam, als ein Herz und eine Seele, klare Grenzen zu vertreten und zu verteidigen.

 **Humor kontra Langeweile**

In Partnerschaftsanzeigen taucht eine Eigenschaft besonders häufig auf. Potenzielle Kandidaten sollten nicht nur treu und attraktiv sein, sondern vor allem humorvoll. Humor und Witz schätzen Frauen und Männer gleichermaßen. Mit einem humorvollen Partner verbinden wir Leichtigkeit, Witz, Spaß und vertraute Nähe. Mit Humor geht alles leichter, erst recht im zuweilen aufreibenden Paarleben. Humorvolle Paare haben auch dann etwas zu lachen, wenn ihnen das Alltagsleben Saures gibt. Ich erlebe in Therapiegesprächen, dass selbst krisengeschüttelte Paare ihren Humor nicht verloren haben, sondern über sich selbst und manche ihrer schrägen Verhaltensmuster lachen können. Ihr Humor verleiht ihnen eine gesunde Distanz zu Beziehungsproblemen.

Anders verhält es sich mit humorlosen Zweierbeziehungen. Sie leben in einer bedrückten, schweren und ernsten Atmosphäre. Das Lachen ist ihnen mit der Zeit vergangen. Wenn Witze gemacht werden, dann auf Kosten des Partners. Spöttische und sarkastische Witze kränken und verletzen. Und wer in Gegenwart Dritter den Partner aufs Korn nimmt, handelt lieblos und verächtlich.

Warum schreibe ich ein Kapitel über Humor kontra Langeweile? Zum einen, weil Humor gut für die Gesundheit ist. Medizinisch gesehen handelt es sich beim Lachen um einen zwerchfellerregenden Zustand. Der Spaßvogel atmet tief ein, um die Luft dann unter kräftiger Anspannung der Bauchmuskulatur in mehreren Stößen wieder auszuatmen. Die Lunge wird gut durchlüftet und das Zwerchfell gelockert. Es befindet sich in der Mitte des Bauches und fällt manchmal unangenehm auf, zum Beispiel bei Stress oder bei einem Zahnarztbesuch. Herzhaftes Lachen wirkt wohlig entspannend auf das Zwerchfell und auch die Psyche. Charlie Chaplin war der Meinung: „Jeder Tag, an dem du nicht lächelst, ist ein verlorener Tag."

Humor ist darüber hinaus ein wesentlicher Faktor für die Gesundheit und Vitalität einer Partnerschaft. Immer wieder klagen Paare über Langeweile in ihrer Beziehung. Mit den Jahren erscheint alles, was sich zwischen ihnen ereignet, absolut berechenbar geworden zu sein. Jeder weiß vom anderen, was dieser gleich sagen wird, bevor er überhaupt den Mund geöffnet hat.

Verhaltensweisen im Alltagsleben haben nichts Überraschendes mehr an sich. Neugierde und Spontanität sind eingeschlafen. Das Paarleben gähnt vor öder Langeweile. Der Schwung ist weg. Die Luft scheint raus zu sein. Jede Partnerschaft erlebt langweilige Tage und vorhersehbare Reaktionen. Das ist völlig normal und kein Grund zur Besorgnis. Wenn sich aber Langeweile, Desinteresse und eine Art öde Leere zwischen den Partnern immer weiter ausbreiten, erscheint ein Leben als Single deutlich verlockender, als im spaßfreien Gefängnis der Beziehung auszuharren.

Bitte denkt einmal über die folgende Fragestellung nach: Kannst Du Deinen Partner motivieren, mit Dir Spaß zu haben? Wenn Du es willst, könnt Ihr dann jederzeit etwas zu lachen haben? Angenommen, Ihr beide sitzt schon eine Weile vor dem Fernseher, eine für Euch vertraute Situation. Glaubst Du daran, dass es Dir gelingen wird, den anderen für eine spontane Unternehmung aus dem Sessel zu locken? Wenn Du diese Fragen bejahen kannst, haben sich Spaß und Humor noch nicht aus der Beziehung verabschiedet. Wenn Ihr Euch immer noch über alles Mögliche belustigt und kindlich herumalbern könnt, schlagt Ihr dadurch der aufkeimenden Langeweile ein Schnippchen.

Praxis-Übung: Humorbarometer

Wie schätzt Ihr jeweils den Humorfaktor der unterschiedlichen Lebensbereiche ein? Wie viel habt Ihr im Beruf, in der Partnerschaft, in der Freizeit oder im Freundeskreis zu lachen? Wie steht es um Euren Humor, wenn es um Euer körperliches Befinden oder um materielle Sicherheit geht?

Mit wie viel Humor, Spaß und Leichtigkeit sind die entsprechenden Säulen gefüllt?

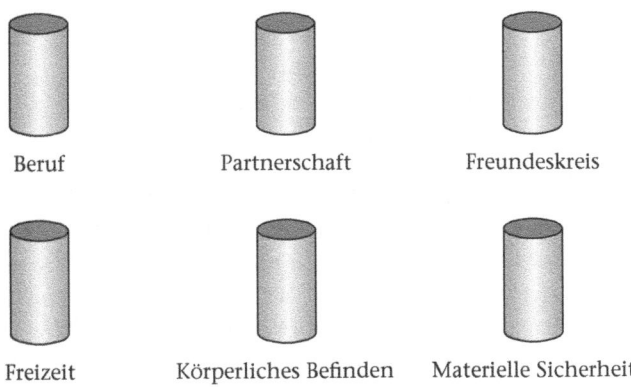

| Beruf | Partnerschaft | Freundeskreis |

| Freizeit | Körperliches Befinden | Materielle Sicherheit |

Fragen zum Austausch:

- *Aus welchen Quellen fließen Euch jeweils Spaß und Humor zu?*
- *Welche Spaßblockaden gibt es in einem oder mehreren Bereichen?*
- *Welchen Stellenwert hat Humor in Eurer Liebesbeziehung?*
- *In welchen Situationen gibt es mehr, in welchen weniger zu lachen?*
- *An welchen Stellen könnt Ihr den Humor des anderen besonders wertschätzen?*

Humor und Spaß sind wie ein Reißverschluss zwischen zwei Menschen. Spaß erlebt jeder sehr individuell. Vielleicht bereitet es Dir grenzenloses Vergnügen, Deinen Partner zu necken, wenn er wieder mal zwei unterschiedliche Strümpfe angezogen hat. Du kannst Dich über die klischeehaften Rollen in einer Vorabendserie köstlich amüsieren oder mit Vergnügen einen gesalzenen Leserbrief an die Lokalzeitung schreiben. Jeder hat seine Vorlieben, wenn es um vergnügliche Aktivitäten geht. Wichtig für die Liebe ist es, einander den Spaß zu gönnen und sich mitzufreuen. Die folgenden Ideen sollen Euch dazu anregen, Spaß, Humor und Leichtigkeit in Euer Paarleben zu integrieren:

1. Erhöht den Spaßfaktor in Eurer Beziehung durch gemeinsame Aktivitäten!

Gemeinsam Spaß erleben schafft liebevolle Erinnerungen. Es geht um die kleinen Abenteuer im ganz normalen Alltag: Man kann eine Sommernacht auf dem Balkon verbringen oder eine kleine Motorradtour zu zweit unternehmen. Wie wär's mit einem Saunabesuch oder einem Kuschelsitz im Kino, einer Runde „Mensch ärgere Dich nicht". Man kann auch gemeinsam eine Torte backen. Der Kreativität sind keine Grenzen gesetzt. Ich gebe Paaren, die sich ein bisschen mehr Schwung in ihrer Beziehung wünschen, die einfache Aufgabe, einige Termine im Kalender für Aktivitäten zu zweit fest zu reservieren.

Im Wechsel überlegt sich jeweils ein Partner, was er mit dem anderen zusammen Schönes erleben will. Er darf die Aktivität bestimmen, wobei er auf die Abneigungen des anderen Rücksicht nehmen muss. Findet der beispielsweise Fußball furchtbar langweilig, kommt ein Stadionbesuch nicht infrage. Auf diese Weise übernehmen beide Verantwortung für spannende Unternehmungen und die eigenen Vorlieben können auch berücksichtigt werden.

2. Entdeckt das Kind in Euch wieder!

Wissenschaftler haben herausgefunden, dass Kinder 500-mal mehr lachen als Erwachsene. Wir haben leider manchmal verlernt, die Welt mit kindlichen Augen zu sehen. Dabei dürfen wir uns auch selbst noch im fortgeschrittenen Alter zu Albernheiten und Schabernack hinreißen lassen. Wann hattet Ihr Eure letzte Schneeballschlacht oder ein vergnügliches Versteckspiel?

3. Neckt und foppt einander!

Nehmt einander liebevoll auf den Arm! Wie wäre es mit einer Gummispinne in der Kaffeedose? Oder die Badezimmerwaage wird heimlich verstellt, um das erschreckte Gesicht des Partners amüsiert beobachten zu können. Auch hier gilt: Keine Witze auf Kosten des anderen und immer die Grenze des guten Geschmacks einhalten!

Praxis-Übung: Improvisiertes Erzählen

Der Erzähler bekommt fünf bis zehn unterschiedliche Begriffe vorgelegt und muss daraus eine zusammenhängende Geschichte erfinden, in der alle der Reihe nach vorkommen. Je lustiger und ausgefallener die Schlüsselworte, umso witzig-skurriler wird die Story.

Abonniert Spaß und Humor!

Manchmal braucht es den Humor anderer, um selber mal wieder herzhaft loslachen zu können. Nutzt zum Beispiel die vielfältigen Unterhaltungsangebote von Comedy. Kabarett, Komödie und Zirkus, und lasst Euch im wahrsten Sinne des Wortes zum Lachen bringen!

Praxis-Übung: Träumen auf die Spur kommen

Wenn wir eine Liebesbeziehung eingehen, bringen wir bewusste und unbewusste Träume und Fantasien mit und hoffen, dass einige in Erfüllung gehen. Sie beflügeln die Liebe und versprechen Spaß und Lebendigkeit. Träume haben viele verschiedene Gesichter. Sie können klein, groß, romantisch, unrealistisch, spontan, langfristig, artig, böse, verlockend oder herausfordernd sein. Für diese Übung benötigt Ihr einen Stapel Kärtchen und 4 Stifte, von denen jeweils zwei die gleiche Schreibfarbe haben (Schwarz und Rot), dazu drei Schalen oder Teller.

Träume der Frau   Paarträume   Träume des Mannes

Alle Träume und Fantasien, die schon in Erfüllung gegangen sind, werden in Schwarz notiert (für jeden Traum eine einzelne Karte) und in die entsprechende Schale gelegt.

Noch nicht verwirklichte Träume werden in roter Schrift auf Karten notiert und in die entsprechenden Schalen gelegt.

- *Ihr schaut Euch die individuellen Träume an, die Ihr jeweils verwirklichen konntet, und geht dann zu den bereits gelebten Paarträumen über. Tauscht Euch über Eure Eindrücke, Gedanken und Gefühle aus.*

- *In einer zweiten Gesprächsrunde nehmt Ihr die noch nicht erfüllten Träume in den Blick und besprecht, warum sie noch nicht ausgelebt wurden.*

- *Zum Schluss wählt jeder einen unerfüllten individuellen und einen offenen Paartraum aus, die umgesetzt werden sollen. Welche konkreten Schritte sind dafür erforderlich?*

10 Auf die Couch?!

Wann ist eine Paartherapie angesagt? Probleme und Konflikte gehören zu jeder Paarbeziehung. Wer sie vermeiden will, darf keine Beziehung eingehen. Zwei unterschiedliche Partner reiben sich naturgemäß aneinander. Wenn aber bestimmte Symptome in der Paarbeziehung auftreten, solltet Ihr sie alleine oder mithilfe eines Therapeuten genauer anschauen. Stellt Ihr in Eurer Beziehung solche Symptome fest?

- Häufige Streitgespräche, die sich ergebnislos im Kreis drehen
- Grundlegende Bedürfnisse bleiben ungestillt
- Anhaltendes Kritisieren
- Zurückgehende emotionale Verbundenheit zwischen den Partnern
- Sexuelle Unzufriedenheit und mangelndes sexuelles Interesse
- Gegensätzliche Ziel- und Wertvorstellungen der Partner
- Treuebruch durch Seitensprung
- Zunehmende Langeweile in der Zweierbeziehung
- Unterschiedliche Wünsche im Hinblick auf Nähe und Distanz
- „Baustellen" aus der Herkunftsfamilie oder früheren Partnerschaften beeinträchtigen die Beziehung
- Die alltägliche Kooperation gelingt nur unzureichend
- Ungleichgewicht beim Geben und Nehmen

In der Regel treten mehrere Konfliktherde gleichzeitig auf. Meist erkennt die Frau zuerst, dass etwas in der Partnerschaft schiefläuft. Sie reagiert mit feineren Antennen auf Beziehungsstörungen und spricht sie offen an. In manchen Fällen blockt der Partner erst einmal ab. Für ihn ist die Beziehung im Großen und Ganzen okay. Er verspürt weniger Leidensdruck. Erst wenn sich die Auseinandersetzungen verschärfen oder die Partner sich regelrecht festgefahren haben, beginnen beide darüber nachzudenken, Hilfe von außen in Anspruch zu nehmen. Bis sie den ersten Schritt in eine Paartherapie wagen, kann aber noch geraume Zeit vergehen. Leider suchen nicht wenige Paare erst dann professionelle Hilfe, wenn „das Kind schon in den Brunnen gefallen ist" und die Probleme beiden über den Kopf gewachsen sind. Es ist schon seltsam, dass wir unser Auto schon nach dem ersten „Hüsteln" des Motors in die Werkstatt bringen, um keine größeren Schaden zu riskieren. Unserer Liebesbeziehung, die doch sehr viel kostbarer ist, muten wir dagegen eine Störung nach der anderen zu, bis wir endlich einsehen, dass ein „Motorschaden" in der Partnerschaft dringend behoben werden muss.

Voraussetzung für eine Paartherapie ist die Bereitschaft beider, sich auf Veränderungen einzulassen, und die Motivation, an der Beziehung zu arbeiten. Zu Beginn der Paartherapie werden Erwartungen, Wünsche und Therapieziele festgelegt. Die Partner erteilen dem Therapeuten einen oder mehrere Arbeitsaufträge: „Helfen Sie uns herauszufinden, wo die Ursachen für unsere Probleme liegen! Wir wünschen uns für unsere Beziehung eine neue Perspektive, die wir mit Ihrer Hilfe herausfinden wollen! Wir wollen unsere eingefahrenen Kommunikationsmuster lösen und besser miteinander reden lernen!"

Im Verlauf des Therapieprozesses können Konfliktlösungen erarbeitet und umgesetzt werden. Die Wahrnehmung für eigene Bedürfnisse und die des Partners wird geschärft. Idealvorstellungen werden aufgedeckt und in realistische Erwartungen umgewandelt. Die Partner lernen einander in ihren Gefühlen und Gedanken besser verstehen und einander zu respektieren. Weil Paargespräche mit einer geschulten Person anders verlaufen als zu Hause, stellen sie ein Modell dar, von dem beide lernen, sachlicher, authentischer und entspannter miteinander zu reden. In den Therapiesitzungen werden unter der Aufsicht des Therapeuten hilfreiche Gesprächsregeln eingeübt und überwacht, die mit der Zeit auch auf die Kommunikation in den eigenen vier Wänden positiv abfärben.

Wird der Schritt in eine Paartherapie gewagt, zeigen die Partner, dass ihnen an ihrer Beziehung viel liegt, sie Veränderung wollen und auch bereit sind, dafür etwas zu tun. Hilfe zu suchen, wenn man nicht mehr weiterkommt, ist keine Schwäche, sondern wahre Stärke. Im Folgenden schildere ich eine typische Paartherapiesitzung mit den verschiedenen, aufeinander aufbauenden Elementen.

Paartherapie praktisch

„Was mich früher an dir fasziniert hat, geht mir heute auf die Nerven!"

In den meisten Partnerschaften ticken Mann und Frau grundverschieden. Die Andersartigkeit fasziniert in der Kennenlernphase. Unterschiedliche Charaktere ziehen sich magisch an. Jeder sucht im anderen, was er selbst nicht kennt. Gegensätzliche Typen fliegen aufeinander, bis die Punkte der Anziehung Konflikte hervorrufen. Was früher so verliebt und spannend machte, führt schließlich zu echten Spannungen und stellt die Liebesbeziehung auf die Probe.

Ein Beispiel:

Thomas (39) und Lisa (37) sind 14 Jahre verheiratet und Eltern von Jonas (13) und Pauline (9). Sie kommen wegen ständiger Auseinandersetzungen in meine Praxis. Als sie sich vorstellen, erahne ich, wie verschiedenartig die beiden gestrickt sind. Thomas ist Ingenieur und Computerfan. Er berichtet sehr sachlich, wirkt distanziert und kühl und sieht sich als jemanden, der stark vom Kopf her die Dinge angeht. Lisa arbeitet als Floristin. Sie erzählt von vielen freundschaftlichen Beziehungen, die sie sehr schätzt, und beschreibt sich als gefühlsbetont und harmoniebedürftig.

Als Anlass für die Paarberatung schildern sie ihre heftigen alltäglichen Auseinandersetzungen, vor allem bei der Kindererziehung und ihrer Freizeitgestaltung.

Thomas formuliert als Ziel der Beratung: „Ich will, dass Lisa wieder mit mir an einem Strang zieht. Wir müssen eine Lösung dafür finden, wie wir unsere Kinder erziehen, und zwar gemeinsam. Hier wünsche ich mir einen Weg, wie das gehen kann." Lisa erhofft sich Impulse für einen besseren Umgang miteinander und weniger Streitigkeiten. „Ich fühle mich total unglücklich, weil wir uns so weit entfernt haben. Manchmal frage ich mich, ob wir überhaupt zusammenpassen. Ich fühle mich nicht ernst genommen von Thomas und auch nicht verstanden. Wie können wir einfach harmonischer zusammenleben?" Als Ziel der Sitzung möchte Thomas eine sachliche Veränderung, Lisa will für eine liebevollere Beziehung arbeiten.

Ein typischer Konflikt: Wir thematisieren einen typischen Streitpunkt, der mit der Kindererziehung zusammenhängt. Thomas und Lisa sollen jetzt einander schildern, wie sie in Erziehungsfragen denken. Thomas: „Ich finde klare Grenzen und Ansagen wichtig. Lisa lässt zu viel durchgehen. Wenn ich zum Beispiel sage, Jonas soll um 21 Uhr ins Bett, fällt sie mir in den Rücken und wir kriegen anschließend heftigen Zoff. Das geht so nicht. Jonas tanzt uns jetzt schon viel zu oft auf der Nase herum."

Lisa: „Du bist viel zu hart, gerade mit Jonas. Deine Kommandos machen mich sauer. Jonas ist alt genug und weiß selbst, wann er ins Bett sollte. Und wenn ich mich gerade noch mit ihm unterhalte, funkst du dazwischen. Jonas erzählt mir eben viel. Aber wer weiß, wie lange noch. Er muss in deinen Augen immer funktionieren. Dabei braucht er doch mehr Zuwendung und das wir verstehen, wie es ihm geht."

Ich fordere beide auf, keine weiteren Vorwürfe zu machen. Jeder soll mehr von sich sprechen und die eigene Sichtweise dem anderen noch genauer schildern. Anschließend bitte ich die jeweilige Sichtweise des Partners mit eigenen Worten wiederzugeben.

Stühlerücken als Veranschaulichung:

Zwei unterschiedliche Sichtweisen im Umgang mit Jonas stehen nun im Raum. „Bitte rücken Sie jetzt Ihre Stühle einmal so weit auseinander, wie Sie den Abstand zueinander empfinden, wenn Sie sich gerade wegen Jonas gestritten haben!" Nach einem bewegten Stühlerücken sitzen Lisa und Thomas drei Meter voneinander entfernt. „Schildern Sie jetzt, wie Sie in einer solchen Distanzsituation denken und empfinden!"

„Ich finde das ganz furchtbar", sagt Lisa, „total alleine gelassen, ungeliebt und ich komme nicht an Thomas ran." Thomas kontert und beschreibt seine Gedanken: „Ich fühle mich nicht ernst genommen. Vielleicht sind wir einfach zu unterschiedlich. Ich bin überzeugt, wenn du meinen Standpunkt teilen würdest, hätten wir die Probleme gar nicht."

Intervention des Therapeuten:

Ich greife jetzt zu einer Intervention, die ich „laut denken" nenne. Dabei darf ich alles aussprechen, ohne dass Klienten es mir übel nehmen oder in eine Abwehrhaltung gehen. „Ich denke jetzt einmal laut nach. Sie beide erinnern mich an James Bond und Mutter Theresa." Sie lächeln und sind gespannt, was jetzt kommt. „Sie scheinen genauso gegensätzlich wie der Geheimagent und die Ordensfrau. Aber so verschieden die zwei sind, verfolgen sie doch das gleiche Ziel, indem sie gegen das Böse kämpfen, nur mit ganz unterschiedlichen Mitteln. Bond mit der Waffe, Mutter Theresa mit Nächstenliebe. Ich höre heraus, dass Sie auch ein gemeinsames Ziel haben. Sie wollen beide ihren Kindern eine gute Erziehung geben. Nur ihre Schwerpunkte unterscheiden sich.

Thomas betont klare Grenzen und eine konsequente Erziehung. Lisa sieht den persönlichen Draht zu den Kindern als besonders wichtig an und möchte Ausnahmen machen können.

Beide Erziehungswerte finde ich wichtig. Sie haben beide recht. Jonas und Pauline sind zu beglückwünschen für ihre Eltern, weil diese zwei sehr unterschiedliche Sichtweisen einbringen können: klare Ansagen, damit sie wissen, wo sie dran sind, aber auch die Freiheit, mal eine Ausnahme zu machen und nachzugeben. In dem großen Ziel, ihren Kindern etwas Gutes mitzugeben, sitzen sie nah beieinander. Wie kommt aber jetzt der große Abstand zwischen ihren Stühlen zustande?

„Mit der Zeit sind wir immer weiter auseinandergerückt, irgendwie so, als wären wir Feinde", antwortet Lisa. Ihr Mann ergänzt: „Jeder von uns ist wahrscheinlich extremer geworden mit seinen Ansichten."

Paardynamik:

Ich erkläre: „Sie haben sich in der Erziehung von Jonas entzweit und vermutlich auch in den anderen Konfliktpunkten, die sie zu Anfang unseres Gesprächs genannt haben. Sie können hier eine Dynamik erkennen, die allen Paaren das Leben schwer macht, wenn die Partner so unterschiedlich gestrickt sind. In Ihrem Beispiel sieht Thomas, dass Lisa gerne einmal nachgibt. Er hat Sorge, dass Jonas zu wenig Grenzen gesetzt bekommt, und wird darum etwas härter. Lisa beobachtet die Strenge und glaubt, sie müsse jetzt noch etwas weicher werden, weil sie glaubt, Jonas würde zu hart angefasst. Das wiederum lässt Thomas noch mehr Disziplin einfordern. So wird der Abstand zwischen Ihnen immer größer. Sie entzweien sich wegen ihren unterschiedlichen Sichtweisen.

Jeder vertritt seine Auffassung in Wechselwirkung mit dem anderen noch stärker. Diese Dynamik belastet Ihre Beziehung. Sie schadet auch den Kindern, da Sie auf diese Weise nicht mehr an einem Strang ziehen: Ihre Kinder schaukeln hin und her und wissen nicht, woran sie sind. Sie beide erleben sich nicht als Team, sondern als Gegner, die einander das Leben schwer machen. Was müsste passieren, damit sie sich wieder näher fühlen und wieder ‚im selben Boot' sitzen?"

Die Lösungsideen:

Jetzt tragen wir folgende Ideen zusammen. Wir müssen...

- „Mehr miteinander reden und versuchen, den anderen ein bisschen besser zu verstehen."
- „Besser zuhören."
- „Überhaupt die Meinung stehen lassen, ohne gleich dagegen anzureden."
- „Bevor es zu Streitigkeiten kommt, wann Jonas ins Bett soll, uns schon im Vorfeld absprechen."
- „Kritik mit mehr Respekt anbringen."
- „Jonas gegenüber nicht so uneinig auftreten."
- „Aufhören, den anderen verändern zu müssen."

Die Umsetzung:

Ich fasse für Thomas und Lisa noch einmal zusammen: „Sie haben für sich erkannt, wie weit Sie Ihre unterschiedlichen Meinungen zur Erziehung auseinanderbringen, indem der eigene Standpunkt immer stärker betont wird. Sie polarisieren und fühlen sich vom anderen bedroht und im Stich gelassen. Die Distanz wächst und Sie reagieren frustriert.

Statt eines Miteinanders entsteht ein Gegeneinander. Sie können dieses ‚Spiel' nur unterbrechen, indem Sie beide genau das Gegenteil von dem praktizieren, was Sie bisher gemacht haben."

Das Paar möchte es genauer wissen. „Konkret bedeutet das: Thomas nimmt sich abends zum Beispiel eine halbe Stunde Zeit für Jonas, um mit ihm über den Tag zu reden oder etwas zu spielen. Lisa hat dagegen die Aufgabe, den Sohn zur vorher zwischen den Eltern verabredeten Zeit ins Bett zu schicken. Anders ausgedrückt: Lisa übernimmt die Aufgabe, etwas strenger zu sein, Thomas dagegen hält sich zurück und konzentriert sich auf eine schöne und zweckfreie Zeit mit Jonas. Wie könnte so ein Abend ablaufen, nachdem sie einen Rollentausch vorgenommen haben?"

Jetzt beginnt das Ehepaar, sich einen anderen, besseren Ablauf vor dem Zubettgehen von Jonas vorzustellen. Sie lernen umzudenken. Gerade Gegensatzpaare haben sich im Laufe der Jahre ein festes Bild voneinander gemacht. Ihre unterschiedlichen Standpunkte haben zu immer wiederkehrenden Konflikten geführt, und es fällt ihnen schwer, sich überhaupt noch einen spannungsfreien Umgang bei bestimmten Themen vorzustellen.

Lisa und Thomas wirken motiviert, den Rollenwechsel auszuprobieren. Sie werden noch heute Abend damit beginnen. Sie einigen sich auf 21.15 Uhr als Bettzeit für Jonas. Ich gebe ihnen die Aufgabe, bis zu unserem nächsten Gespräch diese Verhaltensänderung durchzuhalten. Dann werden wir ihre Erfahrungen auswerten.

Fazit:

Am Beispiel einer strittigen Frage der Kindererziehung hat dieses Paar jetzt modellhaft durchgespielt, wie es möglicherweise auch mit anderen Unterschiedlichkeiten in der Beziehung umgehen kann. Viele Gegensätze wird das Paar weiterhin erleben und manchmal auch erleiden. In einigen Bereichen werden sie sich stückweise annähern können, in anderen werden sie weiter gegensätzlich ticken. Entscheidend ist aber, dass sie eine neue, veränderte Haltung zueinander einnehmen. Sie können ihre scheinbar unvereinbaren Sichtweisen als bereichernd erkennen und die Kluft überwinden, indem sie – wie in unserem Gespräch – lösungsorientiert miteinander reden.

Verwendete Literatur

Hachimi, Mohammed el / Stephan, Liane: Paartherapie –
Bewegende Interventionen, Heidelberg: Carl-Auer Verlag 2007.

Engl, Joachim / Thurmaier, Franz: Wie redest du mit mir?
Fehler und Möglichkeiten in der Paarkommunikation. München:
Herder Verlag 1995.

Fliegel, Steffen / Kämmerer, Annette: Psychotherapeutische Schätze.
Tübingen: Dgvt-Verlag 2009.

Gottman, John M.: Laß uns einfach glücklich sein. Der Schlüssel
zu einer harmonischen Partnerschaft. München: Heyne 1995.

Hoffnung für alle, Die Bibel, Gießen: Brunnen Verlag 1996.

Hipler, Matthias: Tausend und eine Nacht. Liebe und Erotik in der
Partnerschaft. Moers: Brendow Verlag 1999.

Ders.: Uns geht's richtig gut. Partnerschaft jeden Tag neu genießen,
Moers: Brendow Verlag 2001.

Ders.: Das Leben neu umarmen. Moers: Brendow Verlag 2005.

Kirshenbaum, Mira: Soll ich bleiben, soll ich gehen?
Bern: Scherz Verlag 1998.

Lämmle, Brigitte / Wünch, Gabriele: Familienbande. So gewinnen
Sie Raum für lebendige Partnerschaft, glückliche Familie, gesunde
Beziehungen. München: Goldmann Verlag 1999.

Masters William H. / Johnson, Virgina E. / Kolodny, Robert C.:
Heterosexualität. Die Liebe zwischen Mann und Frau.
Wien: Ueberreuter 1996.

Page, Susan: Jetzt mache ich uns glücklich. Liebevolle Lenkung in
Partnerschaften. Frankfurt am Main: Wolfgang Krüger Verlag 1998.

Weber, Roland: Paare in Therapie. Stuttgart: Klett-Cotta 2006.

Willi, Jürg: Psychologie der Liebe. Hamburg: Rowohlt
Taschenbuch 2004.

Zurhorst, Eva-Maria u. Wolfram. Liebe dich selbst und freu dich auf
die nächste Krise. München: Goldmann Verlag 2007.

Kreatives
Gekritzel ...

Karin Ackermann-Stoletzky
Unser Ehe-Kritzelblock
Notizblock, 40 Blätter (80 Seiten)
ISBN 978-3-86506-464-6

Der verrückte Kritzelblock für Paare, die sich mal auf andere Weise mit ihrer Beziehung auseinandersetzen möchten. Die humorvolle und originelle Ergänzung zum Beziehungsratgeber – macht Spaß und eröffnet ganz neue Perspektiven.

VERLAG + MEDIEN

Die vier Persönlichkeitsstrukturen

Reinhold Ruthe
Typen und Temperamente
Paperback, 208 Seiten
ISBN 978-3-87067-725-1

Jeder Mensch ist einzigartig, einmalig und spiegelt doch zugleich auch einen bestimmten Grundtypus wider.
Dieser bewährte Ratgeber von Reinhold Ruthe hilft, Stärken und Schwächen zu entdecken, Talente und Fähigkeiten herauszufinden.
Ein ausführliches Testverfahren verhilft zu einem annähernd genauen Profil der eigenen Persönlichkeit.